Transformationsbarometer Osteuropa 1998

Schriftenreihe der Forschungsstelle für empirische
Sozialökonomik, e.V., Band 2
Herausgegeben von Hans Peter Haarland und
Hans-Joachim Niessen

In der Schriftenreihe werden Forschungsergebnisse des Instituts auf dem Gebiet der sozioökonomischen Verhaltensforschung als Grundlage für staatliches und unternehmerisches Handeln publiziert. Vorgestellt werden empirische Studien zum Transformationsprozeß in den Reformstaaten Mittelosteuropas und zu weiteren ausgewählten Forschungsschwerpunkten.

Professor Dr. Hans Peter Haarland und *Professor Dr. Hans-Joachim Niessen* sind Geschäftsführer der Forschungsstelle für empirische Sozialökonomik, e.V., und des Forschungsinstituts für Ordnungspolitik, Köln.

Hans Peter Haarland, Hans-Joachim Niessen

Transformationsbarometer Osteuropa 1998

unter Mitarbeit von Wolfgang Franzen und
Wolfgang Uellner

Campus Verlag
Frankfurt/New York

Die Deutsche Bibliothek – CIP-Einheitsaufnahme

Transformationsbarometer Osteuropa 1998. – Frankfurt/Main;
New York: Campus Verlag, 1998
(Schriftenreihe der Forschungsstelle für Empirische Sozialökonomik
e.V.; Bd. 2)
ISBN 3-593-36083-7

Umschlaggestaltung: Atelier Warminski, Büdingen
Druck und Bindung: KM-Druck, Groß-Umstadt
Gedruckt auf säurefreiem und chlorfrei gebleichtem Papier.
Printed in Germany

Inhalt

1 Vorbemerkungen

Seit nunmehr fast einem Jahrzehnt beschreiten die mittel- und osteuropäischen Reformstaaten den schweren Weg zu Demokratie und Marktwirtschaft. Wie die Erfahrung zeigt, bedeutet die Abkehr von Sozialismus und Planwirtschaft aber noch lange nicht, daß sich an deren Stelle Demokratie und Marktwirtschaft quasi von selbst installieren. Voraussetzung dafür sind tiefgreifende und einschneidende Veränderungen der ordnungspolitischen Rahmenbedingungen, der Aufbau demokratischer und marktwirtschaftlicher Institutionen, vor allem aber ein Wandel von Einstellungen, Motivationen und Verhaltensweisen.

Die Forschungsstelle für empirische Sozialökonomik e.V. führt seit Beginn der 90er Jahre empirische Analysen in mittelosteuropäischen Transformationsstaaten durch. Den Anfang machten die neuen Bundesländer Deutschlands; später folgten Polen, die Tschechische und die Slowakische Republik, Ungarn und Rußland. Die Studien basieren auf repräsentativen Bevölkerungsumfragen sowie auf Befragungen von Unternehmern. Untersucht wurden die (makro)ökonomische Entwicklung des jeweiligen Landes, Einschätzungen der wirtschaftlichen Entwicklung und der eigenen finanziellen Situation, Einstellungen zu Demokratisierung, Marktwirtschaft, Reformmaßnahmen, zur Rolle des Staates und schließlich zur individuellen Befindlichkeit und persönlichen Wertorientierungen.

Mit diesem Band können nun zum zweiten Mal die Ergebnisse in einem *Transformationsbarometer Osteuropa,* dem TBO 1998, vorgelegt werden. Das TBO soll vor allem mittelfristige Kriterien für eine stabile und spannungsfreie Entwicklung beobachten; zu diesem Zweck wurden wirtschaftliche und gesellschaftliche Indikatoren entwickelt, die in jährlichem Abstand empirisch gemessen werden. Neben der Beobachtung der ordnungspolitischen, institutionellen und makroökonomischen Entwicklung in den

Ländern tragen Analysen des Wandels von Einstellungen, Motiven und Verhaltensweisen der Menschen im Zeitverlauf dazu bei, den aktuellen Stand der jeweiligen Länder in ihrem spezifischen Transformationsprozeß zu bewerten. Neben der Analyse der objektiven Wirtschaftslage stehen das Wirtschaftsklima, Einstellungen zu Reformen und Marktwirtschaft, die politische Stabilität, die private Haushaltslage und die Wertorientierungen innerhalb der Bevölkerung im Mittelpunkt der Untersuchungen. Mit Polen, Tschechien und Ungarn erfaßt das TBO die Reformstaaten, die bereits erste Transformationserfolge verbuchen und mit ihrer Annäherung an die westlichen Bündnissysteme relativ gesicherte Investitionsbedingungen bieten; Rußland steckt dagegen noch im Wandel und ist weit von einer Konsolidierung entfernt.

Gefördert wird das TBO durch die *Otto Wolff von Amerongen-Stiftung* sowie die *Margarete und Johann Ley-Stiftung*, beide mit Sitz in Köln. Die jährlichen Befragungen - 1997 zum ersten Mal parallel in den Reformländern Polen, Tschechien, Ungarn und Rußland - führen zuverlässige und renommierte Institute jeweils zum gleichen Erhebungszeitpunkt vor Ort durch. Die mündlichen Befragungen (face-to-face-Interviews) für das TBO 1998 fanden in allen vier Staaten im Mai 1998 statt.[1] Gedankt werden soll an dieser Stelle auch den Mitarbeitern der Forschungsstelle, insbesondere Silke Fengler für die Bearbeitung der makroökonomischen Kennzahlen, Claudia Müller für die statistische Auswertung der Erhebungsdaten und Anna Marcea für die Erstellung der Abbildungen.

Das TBO bietet grundlegende Informationen sowohl für die politische Gestaltung und Beurteilung der Reformprozesse wie auch für die Planung und Einschätzung ausländischer Investoren. Die Ergebnisse des TBO 1998 weisen im Vergleich zur Vorjahresstudie deutliche Unterschiede in den Reformstaaten auf. Wie im folgenden gezeigt werden kann, haben sich Einstellungen und Erwartungen vor allem in Tschechien und Ungarn innerhalb eines Jahres in beachtlichem Umfang verändert; auch dies unterstreicht die Notwendigkeit und den Nutzen regelmäßiger Untersuchungen.

---

1 Vgl. Kap. 11 zur Methodik.

2 Probleme und Strategien bei der Transformation sozialistischer Staaten

Der Transformationsprozeß in den Reformstaaten Mittelosteuropas ist so fundamental und umfangreich wie kaum ein anderer historischer Systemwechsel; dies gilt für die Visegrádstaaten, aber noch viel stärker für Rußland. Alle Reformen verfolgen die gleichen Ziele: die Implementation von Rechtsstaatlichkeit, Demokratie und Marktwirtschaft. Unterschiedlich sind hingegen die Ausgangsbedingungen der jeweiligen Länder. So reicht die Jahrhunderte währende politische und kulturelle Kluft zwischen Rußland und Europa bis in die Gegenwart hinein; asiatische Fremdherrschaft, Zarentum und Sowjetregime pflegten bis auf wenige Ausnahmen eine Politik der Abschottung und isolierten Rußland von abendländischen Entwicklungen wie z.B. der Aufklärung oder der Entstehung des Bürgertums. Die Visegrádstaaten können dagegen auf Erfahrungen aus vorkommunistischen Zeiten zurückgreifen, die Elemente einer bürgerlichen Gesellschaft beinhalteten. Zudem entwickelten sich z.B. in Ungarn bereits in den sechziger Jahren, also fast dreißig Jahre vor der *Perestrojka*, erste Ansätze zu einer Reform des sozialistischen Wirtschaftssystems, die im Rahmen eines 'Dritten Weges' marktwirtschaftliche Elemente integrieren sollte.

2.1 Dilemmata der Transformation

Angesichts der verworrenen Theorielage scheint zunächst eine begriffliche Klärung sinnvoll, da in den mittlerweile zahlreichen Publikationen nicht immer vom gleichen Gebrauch der Begriffe *Transition*, *Transformation* oder *Systemwandel* ausgegangen werden kann. Im folgenden ist unter *Sy-*

stemwandel lediglich die Anpassung an eine veränderte Situation zur systemischen Stabilisierung zu verstehen, also ein Prozeß, der zwar eine Veränderung umfaßt, jedoch das System an sich nicht wechselt, sondern in modifizierter Form beibehält. Dagegen wird unter *Transition* die Übergangsphase von einem alten zu einem neuen System verstanden. Die erfolgreich verlaufene Transition kann dann auch als *Transformation* bezeichnet werden, im Sinne einer vollständigen Umwandlung eines System in ein anderes; synonym dazu wird von *Systemwechsel* oder *Systemtransformation* gesprochen. Da im Zusammenhang mit den mittelosteuropäischen Transformationsstaaten häufig von *Reformen* bzw. *Reformpolitik* die Rede ist, wird *Reform* im Sinne von Umgestaltung und Neuordnung als gleichbedeutend mit Transformation verstanden.[2]

Der Unterschied zwischen der Transformation mittelosteuropäischer Reformstaaten und dem Systemwechsel anderer Staaten (z.B. in Südamerika oder in Deutschland nach dem 2. Weltkrieg) liegt vor allem in der *Gleichzeitigkeit der Entwicklung von Demokratie und Marktwirtschaft*[3], einem der Kernprobleme der mittelosteuropäischen Transformationsprozesse.

Die Grundlagen von Demokratie und Marktwirtschaft, wie sie in den westeuropäischen Staaten heutzutage existieren, liegen in abendländischen Entwicklungen des 18. und 19. Jahrhunderts begründet. Aufbauend auf dem Zeitalter der Aufklärung entwickelten sich Liberalismus, moderner Rechts- bzw. Verfassungsstaat und bürgerliche Marktwirtschaft. Diese Entwicklung, die sich in Westeuropa über einen Zeitraum von mehreren Jahrhunderten vollzog, soll nun in den mittelosteuropäischen Reformstaaten in möglichst kurzer Zeit durchlaufen werden.

Zudem beschränkt sich eine derartige Entwicklung nicht nur auf einen abgrenzbaren Teilbereich, sondern umfaßt alle Ebenen des gesellschaftlichen und politischen Systems. Jedes funktionierende politische System gilt

---

2 Wir orientieren uns an der sinnvollen und nützlichen Begriffsdefinition von Schneider 1997, S. 17ff.; zwar finden *Reformen* auch innerhalb bestehender Systeme statt und der Begriff wird oft in expliziter Abgrenzung zu 'Revolution' verwendet - dennoch schließen wir uns hier dem allgemeinen Sprachgebrauch in Wirtschaft und Politik an.

3 Vgl. Offe 1994, S. 57ff.

nach David Easton als Gesamtergebnis dreier hierarchisch angeordneter Festlegungen.[4]

1. Auf der untersten Ebene fällt die Entscheidung über die Identität sowie die Rechte der Bürger und über die Grenzen des Staatsgebildes.
2. Auf der mittleren Ebene bestimmen Verfassung und institutioneller Rahmen die Regeln, Verfahren und Rechte innerhalb des politischen Systems.
3. Die oberste Ebene umfaßt die Prozesse und Entscheidungen zur Verteilung politischer Kompetenz und materieller Ressourcen.

Die mittelosteuropäischen Reformstaaten stehen nun vor der Aufgabe, *alle drei Ebenen gleichzeitig* zu transformieren. Es fehlt an der Zeit Erfahrungen zu sammeln, und es fehlt ebenso an historischen Vorbildern der Transformation, die Hilfestellung bei der Bewältigung dieser Aufgabe gewähren könnten. Wenn Entscheidungen auf allen drei Ebenen gleichzeitig getroffen werden müssen, können diese miteinander kollidieren, sich gegenseitig konterkarieren oder sich als grundsätzlich inkompatibel erweisen. In den westlichen Gesellschaften entwickelten sich die institutionell-strukturellen und mentalen Formationen für Demokratie, Rechtsstaat und Marktwirtschaft über Jahrhunderte in einer quasi evolutionären Form; in Mittelosteuropa sind diese Voraussetzungen „zum Objekt *strategischen* Handelns“[5] geworden und müssen nahezu synchron durchlaufen werden: dabei geht es gleichzeitig um die Territorialfrage, die Demokratiefrage und die Frage der Wirtschafts- und Eigentumsordnung sowie die ordnungspolitische Bewältigung akuter Steuerungs- und Versorgungsprobleme.

„Niemand konnte 1989 einen Masterplan für die Synchronisierung der wirtschaftlichen und der politischen Transformation haben. In keinem marktwirtschaftlichen System ist diese Synchronisierung in einem kurzen Zeitraum gelungen.“[6]

---

4 Vgl. Easton 1965.

5 Offe 1994, S. 64.

6 Von Beyme 1995, S. 64.

Die wissenschaftliche Debatte um den Systemwechsel in Mittelosteuropa weist eine große Uneinigkeit hinsichtlich der Frage auf, wie dieses Problem gelöst werden könnte. Wie die Erfahrung zeigt, stellt die gleichzeitige Entwicklung von Demokratie und Marktwirtschaft eher die Ausnahme dar als die Regel. Wenige Analytiker setzen auf eine gegenseitige Verstärkung und Unterstützung der verschiedenen Transformationsebenen in dem Sinne, daß sich die Evolution von liberaler Marktwirtschaft, pluralistischer Zivilgesellschaft und rechtsstaatlicher Demokratie wechselseitig bedingen und verstärken;[7] die meisten befürchten aber einen Teufelskreis. Nur unter immensem exogenem Druck können in einer Gesellschaft Marktwirtschaft und Demokratie innerhalb kurzer Zeit parallel implementiert werden und sich entwickeln; die Systeme müssen der Gesellschaft in diesem Fall von außen aufgezwungen und für längere Zeit durch internationale Abhängigkeitsverhältnisse garantiert werden (Bsp. Japan, mit Einschränkungen auch Deutschland nach dem zweiten Weltkrieg). Im Regelfall gilt ein freier Markt als Voraussetzung für die Entwicklung zur Demokratie und nicht umgekehrt.[8]

Ein weiteres Dilemma wurde bereits bei der Entwicklung politischer Parteien in Rußland sichtbar. Erst bei einer relativ autonomen wirtschaftlichen Entwicklung bilden sich im Rahmen der gesellschaftlichen Arbeitsteilung Interessenblöcke und Konfliktthemen und damit eine 'Konkurrenzdemokratie' heraus, innerhalb derer gesellschaftliche Interessengegensätze ausgetragen und sozialer Friede gestiftet werden können. Eine sozialistische Gesellschaft ohne Arbeitsmarkt, in der 90% der Werktätigen ein vergleichbares Einkommen erhalten, kann keine differenzierte Sozialstruktur und keine kollektiven Akteure herausbilden. Damit fallen klassische Konfliktlinien *(cleavages)* - in demokratisch-marktwirtschaftlichen Gesellschaften z.B. zwischen Arbeit und Kapital - weg, und eine massive politische Mobilisierung der Bevölkerung ist nur auf nationalistischem oder fundamentalistischem Wege möglich; dann besteht allerdings die Gefahr, daß sich aus einem ansatzweise demokratischen ein autoritär-populistisches

---

7 So etwa Jiri Kosta für die Entwicklung in der Tschechoslowakei, nach Offe 1994, S. 65f.

8 Vgl. Offe 1994, S. 67.

Regime entwickelt - eine Gefahr, die z.B. das Jelzin-Regime in hohem Maße bedroht.

Zu einem weiteren Dilemma avanciert eine in der gegenwärtigen Situation notwendig erscheinende logische Umkehrung der gewissermaßen 'natürlichen' Abfolge von Marktwirtschaft und Demokratie, gleichsam als historische Inversion, innerhalb der eine Demokratisierung hier als Voraussetzung für eine wirtschaftliche Liberalisierung gelten könnte. Anders als bei den westlichen Demokratien kann man die in Mittelosteuropa entstehende Marktwirtschaft als „ihrer Entstehungsweise nach *political capitalism*“[9] bezeichnen, der von den Reformeliten implementiert werden soll. Die hinter der Marktwirtschaft stehende Motivation resultiert hier also nicht primär aus dem Interesse des Individuums an seinem Eigentum, sondern aus dem Interesse der gesamten Gesellschaft an einem effizienten Wirtschaftssystem. Zudem wird dieses 'staatliche Interesse' an der Einführung marktwirtschaftlicher Elemente von der Masse der Bevölkerung eher mit Skepsis und Mißtrauen verfolgt.

Diese Skepsis beruht auf unterschiedlichen Ursachen: zum einen befürchten große Teile der Bevölkerung (nicht ganz zu Unrecht, wie die Erfahrung vor allem in Rußland zeigt), die Privatisierung diene nicht dem Gemeinwohl, sondern in erster Linie der Bereicherung der Nomenklatura; zum anderen sind sich viele unsicher, ob sich die wirtschaftliche Lage des Landes tatsächlich verbessert; schließlich ist unklar, wie lange es wievielen für eine unüberschaubare Frist schlechter gehen wird. Die Skepsis kann nur abgebaut werden, wenn sich die Führungsschichten für ihre Reformmaßnahmen ein demokratisches Mandat verschaffen und ihre Rechenschaftspflicht wahrnehmen.

Wie unsere, aber auch andere empirische Untersuchungen zeigen, herrscht in den Reformstaaten Mittelosteuropas eine große Unzufriedenheit mit der Entwicklung des Reformprozesses. Besonders in Rußland werden weder die Marktwirtschaft noch die Demokratie als selbstverständlich akzeptiert oder ohne jegliche Alternative wahrgenommen; dies gilt für die Bevölkerung, aber auch für große Teile der politischen Elite. An der Marktwirtschaft wird vor allem kritisiert, daß sie ein allgemeines Wirtschaftswachstum nur durch den schnellen Einkommenszuwachs einer Min-

---

9 Offe 1994, S. 68.

derheit erzeugen kann, während große Bevölkerungsgruppen vorübergehend sogar Verluste hinnehmen müssen. Die drastische Zunahme von Kriminalität und Verarmung großer Teile der Bevölkerung in Rußland führen zur Verunsicherung der Menschen, in deren Augen die Marktwirtschaft demzufolge zunächst und insbesondere wachsende Ungleichheit hervorbringt. Die Demokratie hingegen erzeugt vor allem aufgrund ihrer Friktionen, Ungewißheiten und Diskontinuitäten Kritik und Widerstand; in Rußland verbindet die Bevölkerung mit Demokratie mittlerweile immer weniger ein erstrebenswertes Ziel und immer mehr einen zunehmend chaotischen und anarchischen Zustand.

Die historischen Erfahrungen zeigen, daß Marktwirtschaft „nur unter vordemokratischen Bedingungen in Schwung"[10] kommt. Erst eine funktionierende Marktwirtschaft schafft die hinreichenden Bedingungen für eine stabile Demokratie. Für Mittelosteuropa hat die Marktwirtschaft Projektcharakter; sie ist politisch gewollt und ihre Erfolgsaussichten sind abhängig von der demokratischen Legitimation. Diese ist jedoch fraglich, wenn die Mehrheit der Bevölkerung die konkreten und zunächst leider unvermeidlich negativen Auswirkungen von Marktwirtschaft und Demokratie ablehnt.

Das entscheidende Problem der postsozialistischen Modernisierung ist also das *Dilemma der Gleichzeitigkeit:* alles muß auf einmal gemacht werden und vieles setzt noch nicht Vorhandenes voraus. Es bleibt kein Fixpunkt von Altbewährtem; die verzweifelte Suche nach Übereinstimmung führt zur Überbetonung nationaler Identitäten und zur ethnischen Selbstbehauptung. Die gleichzeitige Implementation von Demokratie und Marktwirtschaft wird durch einen unversöhnlichen Antagonismus bedroht:

> „Der Kern dieser Antinomie liegt auf der Hand: die Leute wollen nicht so lange warten, bis die Segnungen der Marktwirtschaft auch sie erreicht haben und die Schockwellen des Übergangs abgeklungen sind."[11]

Eine erfolgreiche Lösung der Dilemmata und die zeitgleiche Bewältigung aller Reformmaßnahmen in zumutbar überschaubarer Zeit fordert auf der Ebene der Bevölkerung drei zentrale Voraussetzungen:

---

10 Offe 1994, S. 70f.

11 Offe 1994, S. 74.

1. die Bevölkerung muß ein hohes Maß an *Geduld* und Zuversicht aufbringen,
2. die Bevölkerung muß sich an die neuen Verhältnisse *rasch anpassen*,
3. die Bevölkerung muß bereit sein, relativ *lange* auf die Früchte der Anpassung zu *warten.*

Gefordert sind also die Tugenden des *geduldigen Abwartens,* der *Flexibilität* und der *Toleranz gegenüber einer ungleichen Einkommensentwicklung.* Diese politische Ökonomie der Geduld läßt sich am besten mit der Metapher des *Tunneleffektes* von Albert Hirschmann verdeutlichen:

In einem Autotunnel mit zwei gleichgerichteten Spuren ereignet sich ein Stau. Die Situation ist unübersehbar; plötzlich können die Autos auf der rechten Spur wieder fahren; die Fahrer der Autos auf der linken Spur reagieren mit einer kognitiv-emotionalen Dynamik „von *hoffnungsvoller Erleichterung* (»Na endlich - bald sind auch wir dran!«) über den *Neid* auf die Glücklicheren und die *Empörung* über eine offensichtlich unfaire Verkehrsregelung bis *zur offenen Aggression*“[12], die darin mündet, daß sich Fahrer auf die rechte Spur drängen und mit der entstehenden Karambolage erneut einen völligen Verkehrsstillstand hervorrufen.

2.2 Ökonomische Transformationstheorien

Der Zusammenbruch des Staatssozialismus in den mittelosteuropäischen Staaten traf die Vertreter nahezu aller wissenschaftlichen Disziplinen völlig unvorbereitet. Die Konvergenztheorie der 60er/70er Jahre ging eher von einer allmählichen Angleichung der beiden rivalisierenden politisch-ökonomischen Systeme aus und erwartete neue Mischformen. Die 90er Jahre zeigten jedoch, daß sich lediglich das demokratisch-marktwirtschaftliche System als mischfähig erwies. Die realsozialistischen Systeme wurden durch die Implementation liberaler Elemente stets in ihren Grundfesten erschüttert; nach dem ‘Ölfleck-Theorem’ drohten flächendeckende Funktionsstörungen bei der Verletzung eines einzelnen Punktes des Wirtschaftssystems.[13] Somit waren keine Rezepte oder Ablaufschemata vorhanden, auf die ein Rückgriff möglich gewesen wäre.

---

12 Offe 1994, S. 77, Hervorhebungen durch den Verfasser.

13 Vgl. Offe 1994, S. 57f.

Aus wirtschaftswissenschaftlicher Perspektive wurde unter Transformation ein primär politisch motivierter fundamentaler Wechsel des Wirtschaftssystems verstanden, der vor allem planwirtschaftliche Steuerungs-, Allokations- und Verteilungsverfahren durch marktwirtschaftliche ersetzen sollte. Für die Politikwissenschaft stand der Prozeß der Demokratisierung bzw. der demokratischen Konsolidierung im Vordergrund. Die Soziologie konzentrierte sich vor allem auf die Frage des evolutionären Systemwandels und der Modernisierung von relativ statisch stratifizierten Gesellschaften in dynamisch-pluralistische Zivilgesellschaften.

Mittlerweile betonen 'Transformationsforscher' aus allen sozialwissenschaftlichen Bereichen den interdisziplinären Zusammenhang und sehen in der Wechselwirkung zwischen Politik, Wirtschaft und Gesellschaft den Fokus für die Entwicklung einer allgemeinen Transformationstheorie, die bislang, eben wegen der Interdependenz der Transformationsebenen, von keiner Einzeldisziplin vorgelegt werden kann.[14] Es mehren sich die Stimmen, die für einen *policy-* oder Theoriemix aus den zur Verfügung stehenden Einzeltheorien plädieren, um das komplexe Phänomen angemessen beschreiben und analysieren zu können.[15]

Hinsichtlich des Übergangs von der Plan- zur Marktwirtschaft bieten sich verschiedene ökonomische Erklärungsansätze an, die sich zumindest mit Teilaspekten der Systemtransformation auseinandersetzen.[16] So finden sich Implikationen für den Systemwechsel bei der Evolutionstheorie, im Ordoliberalismus, bei den Vertretern der Neuen Institutionellen Ökonomie, bei Neoliberalen ebenso wie im Post-Keynesianismus. Obwohl die Vertreter vieler Denkschulen davon ausgehen, daß effiziente Steuerungs- und Allokationsmechanismen eine funktionierende Marktwirtschaft auch ohne staatliche Intervention gewährleisten, ja eine staatliche Interventionspolitik sich als geradezu kontraproduktiv erweist, obliegt ihrer Meinung nach gerade in der Anfangsphase der Transformation dem Staat eine schlechthin

---

14 Vgl. Schröder 1995, S. 937; anfangs wurde von einigen Wirtschaftswissenschaftlern der politische Faktor offensichtlich unterschätzt, was aber relativ bald revidiert wurde; dazu von Beyme 1994a, S. 197; von Beyme 1995, S. 64.

15 Vgl. dazu exemplarisch Merkel 1994, S. 325 oder Ahrens 1997, S. 31

16 Vgl. die Übersichten bei Wagner 1991 oder Ahrens 1997; einen Überblick über soziologische Ansätze zur Transformationstheorie bieten Wagner 1991 und Merkel 1994.

unverzichtbare ordnungspolitische Funktion bei der Implementation marktwirtschaftlicher Grundprinzipien und Institutionen. Hinzu treten im Interesse einer effizienten staatlichen Steuerung des Transformationsprozesses wichtige prozeßpolitische Funktionen, die diesen vor der jederzeit drohenden Gefahr einer Deroutierung in unerwünschte Entwicklungsrichtungen bewahren sollen.

Je nach theoretischem Ansatz werden dabei verschiedene Grundprinzipien betont: so sehen die Vertreter der *Evolutionstheorie* im Marktsystem das Ergebnis eines evolutorischen Prozesses und vertrauen auf die Funktionsfähigkeit der Marktkräfte; individuelles Wissen und Verhaltenslernen wird als unvollständig und ungleichmäßig verteilt angenommen. Die *Ordoliberalen* betonen die zentrale Rolle der Ordnungspolitik; die Schaffung eines Marktpreissystems bei vollständiger Konkurrenz sichert die effiziente Wettbewerbsordnung für individuelle Pläne und Handlungen der Wirtschaftssubjekte. Betont wird dabei vor allem der Primat der Währungspolitik, die Beseitigung von Marktzutrittsbarrieren, die Vertragsfreiheit, das Haftungsprinzip, eine konstante Wirtschaftspolitik sowie bestimmte regulierende Prinzipien wie z.B. die Monopolaufsicht. Die Vertreter der *Neuen Institutionenökonomik* stellen Institutionen, die menschliches Verhalten und damit auch Marktprozesse kanalisieren, in das Zentrum ihres Erkenntnisinteresses. *Neoliberale* gehen von einem inhärent stabilen Marktwirtschaftssystem aus, das externe Einflüsse automatisch bewältigen kann; Fehlentwicklungen werden aus neoliberaler Sicht meist staatsinterventionistischer Politik zugeschrieben. In allen Ansätzen wird der Einführung privater Eigentumsrechte *(private property rights)* eine zentrale Bedeutung beigemessen. Abweichend von den genannten Ansätzen gehen jedoch die *Post-Keynesianer* von einem inhärent instabilen Marktsystem aus, in dem Fehlentwicklungen nicht automatisch korrigiert werden können, so daß dem Staat in jedem Falle eine stabilitätspolitische Verantwortung zukommt, die mittels direkter prozeßpolitischer Interventionen wahrgenommen werden muß.

2.2.1 Grundzüge der Transformationspolitik

In der Anfangsphase muß sich die Transformationspolitik nach Ansicht von Neoliberalen, Ordoliberalen sowie Evolutionstheoretikern auf die Einführung bzw. den Aufbau einer marktwirtschaftlichen Ordnung konzentrieren. Die aktive Rolle des Staates in der Wirtschaft endet nach Meinung dieser Denkansätze im wesentlichen bereits nach der gelungenen Implementation des marktwirtschaftlichen Regelwerkes. Während im Ordoliberalismus dem Staat neben seiner zentralen ordnungskonstituierenden Funktion noch die regulative Funktion der Monopolkontrolle zugewiesen wird, lehnen Neoliberale jegliche Intervention oder auch nur eine stabilitätspolitische Verantwortung des Staates ab. Die Vertreter der Evolutionstheorie erwarten zu Beginn der Transformation einen wirtschaftlichen Selektionsprozeß: die Wirtschaftssubjekte werden von den Veränderungen zunächst überrollt; Routineverhalten wird mit der Zeit durch *learning-by-doing* im Sinne von *trial-and-error* abgelöst, und der Selektionsprozeß wirkt sich positiv auf Wachstum und Transformation aus. Die alten Anweisungsmechanismen müssen durch ein umfassendes Regelwerk ersetzt werden, das die Aktivitäten der Wirtschaftssubjekte koordiniert, die Planungssicherheit erhöht und den Wettbewerb stärkt. Für die Vertreter der Neuen Institutionenökonomik ist in den Transformationsstaaten die Schaffung von Chancengleichheit von großer Bedeutung: transformationsbedingte Verunsicherungen der Wirtschaftssubjekte führen in Verbindung mit begrenzt rationalem Verhalten zu einer Zunahme der Transaktionskosten. Aus diesem Grund muß die Politik dafür sorgen, daß externe, transaktionskostensenkende Institutionen geschaffen werden, die Fehlentwicklungen korrigieren, welche durch interne, ineffiziente Institutionen der Wirtschaftssubjekte entstehen. Während somit die meisten Ansätze (allen voran die Neoliberalen) einen raschen Umbruch im Sinne einer Schocktherapie favorisieren, behaupten die Post-Keynesianer, daß der Aufbau einer marktwirtschaftlichen Ordnung innerhalb kurzer Zeit gar nicht möglich und somit ein graduelles Vorgehen notwendig sei.

2.2.2 Strategien im Transformationsprozeß

In den Vorschlägen zur praktischen Umsetzung der theoretischen Erkenntnisse zu Beginn des Transformationsprozesses zeigen sich große Übereinstimmungen zwischen dem Ordoliberalismus, der Neuen Institutionenökonomik und dem Neoliberalismus: alle betonen die Notwendigkeit harter Budgetrestriktionen sowie einer umfassenden Preisliberalisierung, ferner die Öffnung der Märkte und die Schaffung privater Eigentumsrechte. Während hingegen die Neoliberalen lediglich auf eine rasche Privatisierung drängen, äußern sich die Vertreter der beiden anderen Richtungen differenzierter zu diesem Punkt: wie die Vertreter der Evolutionstheorie geben die Ordoliberalen der Neugründung von Unternehmen sowie der Zerschlagung von Staatsmonopolen den Vorrang.

Im Ordoliberalismus sorgt ein starker Staat nicht nur für eine ordnungspolitische Konzeption der Privatisierung, sondern garantiert die Rahmenbedingungen, unter denen sich die Wirtschaftssubjekte frei entfalten können; dies beinhaltet auch Restriktionen für Interessengruppen, die sich offen gegen den Transformationsprozeß stellen. Der Mißbrauch der staatlichen Macht gegen ökonomische und demokratische Rechte muß jedoch mittels Gewaltenteilung und demokratischen Wahlen vermieden werden; somit ist ein starker, demokratisch legitimierter aber dennoch kontrollierter, begrenzter und nicht omnipotenter Staat gefordert.

Ganz ähnlich sehen dies auch die Vertreter der Evolutionstheorie: da ein Stabilisierungsprogramm im Transformationsprozeß andere Auswirkungen mit sich bringt als in einer etablierten funktionierenden Marktwirtschaft, sehen sie die Forderung der Neoliberalen nach einem reinen Austeritätsprogramm mit harten Budgeteinschränkungen und umfassender Preisliberalisierung als nicht ausreichend an. Auch aufgrund der Vereinbarkeit mit den alten Systemroutinen empfehlen sie direkte staatliche Kontrollen zur Stabilisierung. Der starke Staat ist ebenfalls von großer Bedeutung, um nicht den Einflüssen verschiedener Interessengruppen ausgeliefert zu sein. Basierend auf der Erkenntnis von Hayeks, daß Marktwirtschaften kaum je unter demokratischen Bedingungen entstanden sind, scheint somit ein starker Staat geradezu „eine notwendige Bedingung (zumindest) für die Einführung einer marktwirtschaftlichen Ordnung zu sein.“[17]

Die Vertreter der Neuen Institutionenökonomik sprechen sich in der Frage der Privatisierung zunächst für eine Übernahme der Privatisierungsobjekte durch eine staatliche Behörde (ähnlich der deutschen Treuhandanstalt) aus, die anschließend nicht nur nach dem Kriterium der Effizienz, sondern auch nach dem der Akzeptanz arbeiten muß, um marktwirtschaftliche Motivationsstrukturen nicht von Anbeginn zu konterkarieren.

---

[17] Ahrens 1997, S. 19.

Gerade in Rußland führte die *Insider*-Privatisierung zu einem Verlust an Glaubwürdigkeit sowie zu gesamtwirtschaftlich ineffizienten Entwicklungen; die sogenannte *Nomenklatura*-Privatisierung kann aber auch zu einem Auseinanderklaffen von Effizienz und Verteilungsgerechtigkeit führen. In diesem Fall legt die Neue Institutionenökonomik eine Kombination von direkter Privatisierung unter Beteiligung in- und ausländischer Investoren mit Voucherprivatisierung nahe, da eine direkte Beteiligung der Bevölkerung das Akzeptanzproblem berücksichtigt.[18]

Auch die Neue Institutionenökonomik betont die Notwendigkeit eines starken Staates, der zunächst für die Schaffung eines gesetzlichen Rahmens verantwortlich ist. Im Zuge des Systemwechsels kristallisieren sich Verlierer und Gewinner heraus; dementsprechend herrschen in der Gesellschaft unterschiedliche Einstellungen zu Art und Weise des Transformationsprozesses. Da Regierungen eine Wiederwahl anstreben, orientieren sie sich in der Regel an der Mehrheit der Wählerstimmen. Daher setzen sich neue Institutionen am besten durch, wenn sie zum einen deutliche Vorteile für gesellschaftliche Interessengruppen aufweisen und sich zum anderen ihre Kosten unmerklich auf möglichst viele Individuen verteilen lassen. Es ist wahrscheinlich, daß sich eine Regierung von Interessengruppen beeinflussen läßt, die institutionell bevorteilt werden und die Regierung öffentlich in einem positiven Licht erscheinen lassen. Allerdings existieren z.B. in Rußland äußerst einflußreiche Gruppen, die eher an persönlicher Bereicherung als an einem langfristig effizienten Systemwechsel interessiert sind und über außerordentlich gute Kontakte zur Regierungselite verfügen.

Dies verdeutlicht die essentielle Notwendigkeit eines starken Staates, der sich dem Einfluß privater Interessengruppen weitgehend entziehen und die Interessen und Rechte der Allgemeinheit schützen kann, der zugleich aber auch kontrolliert und begrenzt werden muß, um seine Machtpotentiale nicht auch zur Unterdrückung einzusetzen, was letztlich zu einer Behinderung des Transformationsprozesses überhaupt führen würde. Um die Chan-

---

18 Es bleibt anzumerken, daß zum einen die Voucherprivatisierung, wenn sie wie in Tschechien eine zu starke Akzentuierung erfährt, strukturelle Nachteile mit sich bringen kann und zum anderen in rechtsunsicherer Umgebung nicht erfolgversprechend eingesetzt werden kann (so kam es in Rußland zur umfangreichen massiven Bedrohung von Personen, die Anteile erworben haben, seitens mafiöser Krimineller).

cengleichheit aller zu garantieren, empfiehlt die Neue Institutionenökonomik eine Strategie des *shared growth* ähnlich wie in asiatischen Schwellenländern, kombiniert mit einer verstärkten Partizipation verschiedener gesellschaftlicher Gruppen und der Schaffung eines strikt föderalen Systems. Der Föderalismus, insbesondere die Verteilung und Übertragung von staatlich-administrativen Kompetenzen basierend auf dem Subsidiaritätsprinzip, stellt demokratietheoretisch ohnehin eine notwendige Voraussetzung für einen effizienten Transformationsprozeß dar und würde gleichzeitig den Demokratisierungsprozeß insgesamt stärken; dies ist gerade für die weitere Entwicklung der Russischen Föderation von wachsender Bedeutung.

Im Unterschied zu den anderen Denkansätzen gehen die Post-Keynesianer davon aus, daß eine Schocktherapie nicht realisierbar ist. Zu Beginn des Transformationsprozesses erwarten sie ein geringes Investitionsvolumen, Tendenzen zur Inflation und eine daraus resultierende Lohn-Preis-Spirale mit Vertrauensverlust in die heimische Währung. Statt einer direkten Preisfreigabe raten sie daher zunächst zu einer Währungsreform mit anschließender partieller Preisliberalisierung. Da Einkommens-, Geld- und Finanzpolitik Art, Richtung und Intensität des Transformationsprozesses zentral beeinflussen, sollen diese von einem interventionistischen Staat übernommen werden. Nach Meinung der Post-Keynesianer ist der Staat eindeutig verantwortlich für die Stabilisierungspolitik, etwa im Sinne der Vollbeschäftigung.

In der Frage der Privatisierung warnen die Post-Keynesianer vor einem übereilten Vorgehen: eine rasche Privatisierung würde bestehende Interessengruppen bevorteilen, den hohen Monopolgrad stützen und halblegale Wirtschaftsformen begünstigen. Daher wird einer langsamen Privatisierung (auch der großen Staatsbetriebe) mit einer Vielfalt von Eigentumsformen (also nicht ausschließlich *private property rights*) der Vorzug gegeben und eine Aufrechterhaltung staatlicher Interventionen als unumgänglich eingeschätzt. Der graduelle Transformationsprozeß würde dann auch Zeit zur Entwicklung eines Rahmens eröffnen, der Anreize zur Entstehung einer *mixed economy* einschließlich eines funktionierenden Wettbewerbssystems ermöglicht.

Für die praktische Gestaltung der Systemtransformation in den Reformstaaten stehen sich somit im wesentlichen zwei Konzepte gegenüber, die vor allem von Post-Keynesianern und Neoliberalen formuliert wurden:

Gradualismus	vs.	*Schocktherapie*
als schrittweiser Übergang		als rascher Systemwechsel

Gradualistische Strategien verlangen nicht nur eine aktive, prozeßpolitisch orientierte Finanzpolitik, sondern auch eine entsprechende staatlich gesteuerte Lohn- und Investitionspolitik der Staatsbetriebe. Die Öffnung des Außenhandels sollte nur schrittweise erfolgen. Der Gradualismus ist davon überzeugt, daß alte und neue Regulationsmechanismen nebeneinander existieren müssen und versucht, eine allzu tiefgreifende sozialökonomische Krise dadurch zu vermeiden, daß der Übergang langsam und stetig gestaltet wird. Die Mehrheit der ökonomischen Theoretiker bevorzugt aber die *Schocktherapie*, die für kurze Zeit tiefgreifende und 'zerstörerische' Einschnitte vollzieht, damit die ökonomische und gesellschaftliche Selbstregulierung in einer Art Eigendynamik wieder schnell einsatzfähig wird.[19] Wenn auf diese Weise die materiellen, sozialen und politischen Früchte einer schnellen Einführung von Marktwirtschaft, Demokratie und Zivilgesellschaft möglichst rasch möglichst vielen Menschen zugute kommen, dient dies nicht zuletzt auch der Stabilisierung des Transformationsprozesses.

Die Frage, welches Konzept erfolgversprechender ist, kann nicht pauschal beantwortet werden. Die unterschiedlichen Ausgangsbedingungen der Transformationsländer erfordern eine auf die Besonderheiten des jeweiligen Landes zugeschnittene Vorgehensweise, die nicht unbedingt auf andere Transformationsländer übertragbar sein muß.

Während die Schocktherapie in Polen zu erfolgreichen Ergebnissen führte, brachte die gleiche Strategie in Rußland große Probleme mit sich. Die Gründe hierfür sind vorwiegend politischer Natur. Die Lohnkontrolle im Staatssektor ließ sich in Polen über eine Organisation wie die 'Solidarität', die die Notwendigkeit der Reformmaßnahmen politisch vermitteln konnte, wesentlich besser umsetzen als in Rußland, wo die Gewerkschaftsbewegung schnell zersplitterte und keine nennenswerte Einigung erwirken konnte. Der Staatssektor blieb aufgrund seiner rigiden zentralistisch-bürokratischen Organisation weitgehend passiv und konnte die Zirkulation von

---

19 Vgl. von Beyme 1994a, S. 221f.

Waren und Dienstleistungen nicht genügend beeinflußen. Während der private Sektor in Polen bereits 1989 40% der Beschäftigten umfaßte, blieb er in Rußland lange Zeit bedeutungslos. Jegor Gajdar, in Rußland verantwortlich für die anfängliche Schocktherapie, bekam die Inflation nicht ausreichend in den Griff; zudem blieb die Warenknappheit trotz der immensen Preissteigerungen erhalten. Während Polen erheblich höhere Unterstützung aus dem Westen mobilisieren konnte, blieb Rußland in der Anfangsphase der Währungsstabilisierung stärker auf sich gestellt; viele Gelder versickerten überdies in dunklen Kanälen des bürokratisch-administrativen Systems.[20] Rußland erhielt insgesamt 140 Mrd. ECU, doppelt so viel wie die restlichen osteuropäischen Staaten (68 Mrd.), davon 38 Mrd. von Deutschland.

Auch alte Modernisierungstheorien waren auf Rußland nicht anwendbar, da sie für 'unterentwickelte' Gesellschaften konzipiert waren. Der sowjetische Staat war jedoch 'überindustrialisiert'; diese Struktur ist heutzutage ein retardierendes Bleigewicht des Transformationsprozesses: die traditionelle Schwerindustrie dominiert die Volkswirtschaft, während Konsumgüterindustrie und Dienstleistungssektor relativ schwach ausgeprägt sind und moderne Technologien nur in spezialisierten Teilbereichen eingesetzt werden.

Neben der grundsätzlichen Frage, ob Schocktherapie oder Gradualismus das bessere Transformationskonzept ist, stellt sich im Systemwechsel der ehemaligen sozialistischen Staaten noch eine andere Frage, die bislang in der theoretischen Diskussion eher zu kurz gekommen ist. In den westlichen Systemen existieren in langen Zeiträumen gewachsene formelle Strukturen, die in gewissem Rahmen zu einer (markt-)wirtschaftlichen, sozialen und politischen Stabilität führen; daneben existieren gleichwohl informelle Strukturen (z.B. Schattenwirtschaft), die neben den formellen Strukturen das sozial-ökonomische und politische System konstituieren.

In den sozialistischen Staaten bildeten sich spezielle informelle Strukturen (Nomenklatura, 'Zweite Wirtschaft') heraus, die ein Überleben im Alltag der Mangelwirtschaft erst ermöglichten. Ein Großteil der heutigen Wirtschaftsaktivitäten baut nach wie vor auf diesen informellen Strukturen auf, da es den neuen formellen Strukturen noch weitgehend an Akzeptanz

20 Vgl. von Beyme 1994a, S. 222f.

fehlt: die Wirtschaftssubjekte sind ungeübt im Umgang mit den neuen Institutionen und es mangelt noch an Vertrauen in die ungewohnten Mechanismen. Ein relativ hohes Maß an Stabilität resultiert in Rußland gegenwärtig weniger aus formellen als vielmehr aus traditionellen, gewachsenen informellen Strukturen (informelle Beziehungsnetzwerke usw.), die aus dem alten System überkommen sind. Aufgrund der Ineffizienz der formellen Strukturen bildet der informelle Sektor daher ein wichtiges Fundament des Transformationsprozesses, das eigene Untersuchungen erfordert.

Die Transformationsforschung muß gegenwärtig von einem Nebeneinander formeller und informeller Strukturen ausgehen. Für den weiteren Verlauf des Transformationsprozesses ist die Frage nach dem Verhältnis zwischen formellen und informellen Strukturen bzw. der Effizienz der beiden Sektoren von entscheidender Bedeutung. Da formelle Strukturen derzeit noch nicht die notwendige Akzeptanz genießen und somit noch keine wirkliche Orientierungssicherheit bieten können, tragen die informellen Strukturen, zumindest in der Anfangsphase der Transformation, zu einer erheblichen Prozeßstabilisierung bei; schattenwirtschaftliche Aktivitäten können zudem als Erprobungs- und Entwicklungsfeld für marktwirtschaftliche Kernkompetenzen (Eigenverantwortung, Risikobereitschaft etc.) angesehen werden. Für den Erfolg des Transformationsprozesses ist jedoch eine Zunahme von Akzeptanz und Glaubwürdigkeit der neuen formellen Institutionen in Demokratie und Marktwirtschaft von zwingender Notwendigkeit.

2.2.3 Allgemeine Implikationen für die Reformpolitik

Trotz grundsätzlicher theoretischer bzw. strategischer Diskrepanzen (insbesondere zwischen Gradualismus und Schocktherapie) weisen die aufgeführten theoretischen und praxisbezogenen Implikationen der ökonomischen Denkrichtungen für den Transformationsprozeß in Mittel- und Osteuropa ähnliche Ansatzpunkte auf. Folgt man den Anregungen einiger Transformationsforscher, sich trotz des zu erwartenden Eklektizismusvorwurfes zum Zwecke einer theoriegeleiteten Analyse einem Theorie- bzw. Methodenmix zu nähern, dann läßt sich folgendes festhalten:

Zunächst einmal sind die Rahmenbedingungen für die Einführung eines marktwirtschaftlichen Systems zu schaffen: ein umfassendes formellrechtliches Regelwerk für das marktwirtschaftliche Normensystem setzt den Rahmen für wirtschaftliche Aktivitäten. Zusätzlich sind neue politische und ökonomische Institutionen zu schaffen, die das Regelwerk in die Praxis umsetzen. Nicht zuletzt alte Routinen und das unvermeidliche Nebeneinander von alten und neuen Institutionen komplizieren die Transformationsaufgabe des Normen- und Institutionenaufbaus. Das Wegbrechen der alten Strukturen schafft nämlich zunächst ein normativ-institutionelles Vakuum, das allenfalls von den informellen Institutionen der Tradition teilweise gefüllt werden kann. In dieser anomischen Situation können die Individuen nur durch *trial-and-error-* bzw. *learning-by-doing*-Strategien überleben. Während manche Entwicklungen sich als richtig erweisen, sind in anderen Bereichen neue Anreize und Korrekturen erforderlich. Hier kann nur der Staat einigermaßen Prozeßstabilität und Orientierungssicherheit geben.

Der Staat muß in erster Linie für den Austausch der alten Mechanismen bzw. Institutionen Sorge tragen und dabei den Wirtschaftssubjekten (Planungs-)Sicherheit und Raum zur freien Entfaltung bieten. Auch Vertreter des Ordoliberalismus, die sich grundsätzlich von staatlichen Interventionen distanzieren, raten in dieser Lage zu gewissen regulierenden Prinzipien wie der Monopolkontrolle oder einkommenspolitischen Maßnahmen zur anfänglichen Stützung des Transformationsprozesses.

Zumindest in der Anfangsphase scheint also ein starker Staat vonnöten: starke gesellschaftliche Interessengruppen dürfen nicht in der Lage sein, den Staat in seinen Bestrebungen hinsichtlich einer erfolgreichen Transformationspolitik zu behindern oder sogar den Systemwechsel als solchen zu bedrohen oder zu gefährden. Gerade in Rußland besaßen bestimmte Interessengruppen in der Vergangenheit bekanntermaßen Einfluß bis in höchste Regierungsebenen hinein. Die Motivationen dieser Gruppen reichen von legalem, oft auch illegalem Streben nach persönlicher Bereicherung über die eliteninterne Konversion von (ehemaliger) politischer Macht in wirtschaftliche Macht[21] bis zur politisch-ideologisch begründeten Ablehnung des Systemwechsels (z.B. durch kommunistische/postkommunistische Parteien oder Politiker). Aus diesem Grund muß der Staat mit den notwendigen Machtmitteln ausgestattet sein, um relativ unabhängig von

---

21 Vgl. Krystanovskaja 1995 nach Kukolev/Stykow 1996

diesen Gruppen seine Aufgaben erfüllen zu können und individuelle Rechte zu schützen. Andererseits darf ein derart starker Staat seine Möglichkeiten nicht zur Verletzung von Rechten mißbrauchen; seine Macht muß begrenzt und kontrolliert werden. Zu diesem Zweck verweisen vor allem Ordoliberalismus und Neue Institutionenökonomik auf die Notwendigkeit demokratischer Gewaltenteilung und der Schaffung strikt föderaler Strukturen.

Der detaillierte Maßnahmenkatalog zur wirtschaftlichen Umstrukturierung ist nicht zuletzt von der Transformationsstrategie abhängig, also insbesondere von der Frage, ob der Systemwechsel in möglichst kurzer Zeit in Form einer Schocktherapie oder über einen längeren Zeitraum gradualistisch und sozial abgefedert vollzogen werden soll.

Zentrale Bedeutung im Rahmen einer Schocktherapie genießen eine umfassende Preisliberalisierung, harte Budgetrestriktionen, eine Öffnung der Märkte bzw. Integration in die Weltwirtschaft, eine konsequente Wettbewerbspolitik und die Einführung privater Eigentumsrechte. Während die Neoliberalen eine möglichst schnelle Privatisierung befürworten, plädieren die Vertreter der Neuen Institutionenökonomik für die anfängliche Übernahme der Privatisierung durch eine staatliche Behörde, die die Veräußerung an in- und ausländische Käufer steuert; die Behörde soll dafür Sorge tragen, daß bei der Privatisierung nicht nur Effizienzkriterien beachtet werden, sondern auch die Glaubwürdigkeit der Reformmaßnahmen in der Bevölkerung insgesamt keinen Schaden nimmt. Vorrang vor der Privatisierung hat jedoch die Neugründung von Unternehmen, da sie die Initiierung und Veränderung des genuin marktwirtschaftlichen Unternehmerverhaltens am schnellsten voranbringt. Aufgabe des Staates ist auch die Zerschlagung bestehender Monopole bzw. die Monopolaufsicht.

Nun besteht ein bekanntes Dilemma der Schocktherapie darin, daß eine Regierung, die sich zu dieser radikalen Form der Transformation mit den bereits erörterten Konsequenzen entschließt, in der Regel aufgrund der oft gravierenden Auswirkungen von Budgetrestriktionen (Sozialabbau, kurz- bis mittelfristige Verschlechterung des Lebensstandards etc.) in der Gunst der Wähler rapide sinkt, und die Aussichten auf einen Erfolg bei der darauffolgenden Wahl dementsprechend gering sind. Die Reformregierung übernimmt die schwierige Aufgabe, den ursprünglichen Wunsch der Wähler nach Systemwechsel (zum Zwecke der Verbesserung der Lebensverhältnisse) in die Praxis umzusetzen und wird für die unvermeidlichen, in den Augen der Bevölkerung aber unerwartet harten Einschränkungen bei der nächsten Wahl bestraft. Als Beispiele dafür dienen die raschen Regierungswechsel Anfang der 90er Jahre in Polen, der Abbruch der Schocktherapie in Rußland 1992 oder die jüngsten Wahlen in Ungarn im Mai 1998, bei denen die Regierung von Gyula Horn abgewählt wurde[22]. Teils werden einzelne 'Radikalreformer' aufgrund des Wählerprotestes prophylaktisch aus der Regierung entfernt - wie etwa im Falle von Jegor Gajdar oder Anatolij Tschubais in Rußland -, teils müssen ganze Regierungen das Feld räumen. Da die Radikalreformer nicht immer nur aus Mitte-Rechts-Parteien stammen, sind auch sozialistische Regierungen nicht vor diesem zentralen Transformationsdilemma gefeit, wie sich jüngst am Beispiel der sozialistischen Regierung Horn in Ungarn gezeigt hat.

Regierungswechsel sind in einem demokratischen System keine besorgniserregende, sondern eine normale Erscheinung; z.T. gelten sie für die neuen Demokratien Mittelosteuropas geradezu als Kriterium für eine demokratische Konsolidierung. Die entscheidende Frage ist die nach der politischen Stabilität. In vielen Fällen reagieren die Reformpolitiker auf den Stimmungsumschwung in der Bevölkerung mit einer Abschwächung der rigiden Transformationspolitik; das heißt mit einer sozialen Abfederung der Reformen, was konsequenterweise zu einer Verzögerung des Transformationsprozesses führt und teilweise strukturelle Schwierigkeiten mit sich bringt. Der Reformprozeß gerät ins Stocken und wird nur noch halbherzig und verschleppt fortgeführt (Bsp.: Tschechien). Kam es dennoch zur Abwahl der Reformpolitiker und einem Regierungswechsel, so haben in der Regel auch die nachfolgenden Regierungen mit gewissen Modifikationen den begonnenen Weg der Transformationspolitik fortgesetzt.

Im Rahmen einer gradualistischen Konzeption des Transformationsprozesses werden dagegen weniger radikale Maßnahmen gefordert. Statt einer umfassenden Preisfreigabe wird in dieser Transformationsstrategie eine Währungsreform mit anschließender partieller Preisliberalisierung empfohlen. Wichtig für die Stabilität der Währung ist eine angemessene Einkom-

---

22 Für den Wahlsieg der ungarischen Opposition waren freilich auch andere Faktoren, wie beispielsweise deren Formierung, die unzureichende Wahlkampagne der Horn-Regierung, die Furcht vor Kriminalität, das umstrittene Wasserkraftwerkprojekt mit der Slowakei und ähnliche Faktoren ausschlaggebend.

menspolitik; der im Zuge der Transition unvermeidliche Anstieg der Arbeitslosigkeit sollte durch eine nachfrageorientierte Finanzpolitik sowie eine institutionelle soziale Absicherung (Arbeitslosenversicherung, Umschulung etc.) abgefedert werden. Im gradualistischen Konzept kommt dem Staat eindeutig die Verantwortung für Stabilisierung und Vollbeschäftigung zu. In der Frage der Privatisierung wird auf eine Vielfalt von Eigentumsformen statt einer Exklusivität der *private property rights* gesetzt. Gemeinsam mit einer langsamen Privatisierung, vor allem der großen Staatsbetriebe, bleibt damit Zeit für die Entwicklung eines Ordnungsrahmens, der auch Anreize zur Herausbildung einer *mixed economy* schaffen kann.

Die meisten der von uns untersuchten Reformstaaten starteten zunächst mit einer Schocktherapie: dafür standen vor allem das Balcerowicz-Programm in Polen, Jegor Gajdars Reformkonzept in Rußland und Vaclav Klaus' „Marktwirtschaft ohne Attribute" in Tschechien. Während Polen trotz einiger Maßnahmen zur sozialen Abfederung am Konzept der Schocktherapie festhielt, wurde die Politik der strikten Umgestaltung in Rußland noch im gleichen Jahr durch eine Kurskorrektur aufgrund einer Hyperinflation mit folgendem Stimmungsumschwung aufgegeben. Auch die tschechische Transformation kam nach anfänglichen Erfolgen aufgrund einer durch die Festkurspolitik der Zentralbank bedingten stetigen Aufwertung der Krone und dem daraus folgenden Leistungsbilanzdefizit aus dem Tritt; die Privatisierung wurde zunehmend verschleppt, und der Prozeß geriet ins Stocken.[23]

Allerdings kann man nicht behaupten, nach dem Abschied von der Schocktherapie hätten sich Rußland und Tschechien auf einen gradualistischen Weg begeben; vielmehr fehlen kontinuierliche und zielgerichtete transformationspolitische Maßnahmen; die Aktivitäten wirken eher ziellos und populistisch im Stil einer Politik des „*muddling-through*"[24].

---

23 Vgl. zum Balcerowicz-Programm Haarland/Niessen 1994, S. 17f., zur Wirtschaftspolitik von Jelzin und Gajdar Haarland/Niessen 1997, S. 115f. und zum Konzept von Klaus Haarland/Niessen 1995, S. 17 u. S. 20ff.

24 Ahrens 1997, S 29.

2.3 Rahmenbedingungen für die Transformation

Es ist Aufgabe der Transformationspolitik, Rahmenbedingungen für die Schaffung von Demokratie und Marktwirtschaft bereitzustellen, damit der Marktmechanismus zum Tragen kommen kann. Dabei geht es um folgende Transformationsebenen:

Politischer Wandel[25]

1. Schaffung eines *klaren institutionellen Verfahrensrahmens* mittels einer neuen Verfassung und in Einklang mit den politischen Eliten (als Fundament für grundlegende allgemeine rechtliche Rahmenbedingungen, auf denen politische und wirtschaftliche Institutionen aufbauen).
2. Entstehung einer *Zivilgesellschaft* und *pluralistischer politischer Strukturen*, die in Interessengruppen und politischen Parteien zum Ausdruck kommen, und deren Konsolidierung als Träger der politischen Willensbildung an wiederholte *Parlamentswahlen* gekoppelt ist.
3. Erzeugung von *Akzeptanz* demokratischer Institutionen und *Vertrauen* in die politischen Akteure, welche von der Funktionsfähigkeit der neuen Einrichtungen und dem Verhalten der politischen Eliten abhängig ist.
4. Entwicklung stabiler demokratischer Verhältnisse durch eine ökonomisch erfolgreiche Reformpolitik.

---

25 Vgl. Mommsen 1996, S. 157f. sowie von Beyme 1994, S. 83.

Wirtschaftlicher Wandel[26]:
1. Durchführung einer *Preis- und Eigentumsreform* zur Etablierung eines marktwirtschaftlichen Steuerungs- und Anreizsystems; dabei Schaffung einer eindeutigen *Eigentumsrechtsordnung*, deren Grundelemente (Privateigentum, Vertrags- und Gewerbefreiheit, Niederlassungs- und Berufsfreiheit etc.) garantiert werden; Umgestaltung der *Währungs- und Sozialordnung* zur gesamtwirtschaftlichen Stabilisierung und Abfederung der (sozialen) Transformationskosten. 2. Zulassung bzw. Schaffung *marktwirtschaftlicher Institutionen* wie Privatunternehmen, Geld- und Kapitalmärkte, Zentralbank und gegliedertes Geschäftsbankensystem, Alters- und Krankenversicherung etc. 3. *Entflechtung* und *Privatisierung* der Wirtschaft 4. *Öffnung* der Wirtschaft und Integration in die Weltwirtschaft

Die Reformen von demokratischer Verfassung und Wirtschaft verlaufen in drei Phasen:

	Demokratische Verfassungsreform		***Wirtschaftsreform***
1. Festlegen des institutionellen Rahmens	Basisinstitutionen von Bürgerrechten und des rechtsstaatlich parlamentarischen, föderalen Systems (Gewaltenteilung)	↔	Garantie von Eigentumsrechten und Privatisierung
2. Entfaltung des Prozesses	Parteienwettbewerb, rechtsstaatliche Gesetzgebungs- und Regierungspolitik	↔	Marktpreisbildung
3. Ergebnis	Demokratische Austragung sozialer und politischer Konflikte	↔	Produktivitätsgewinn, Wachstum, Wohlstand

Demokratische Verfassungsreform und Wirtschaftsreform stehen in simultaner Wechselwirkung zueinander, dabei sind folgende mögliche Probleme zu beachten:

26 Vgl. hierzu auch Forschungsstelle für empirische Sozialökonomik 1994.

- Die Privatisierung ist erfolgreich, aber führt erst mit zeitlicher Verzögerung zu allgemeinem Wohlstand; monopolistische Strukturen werden beibehalten; statt „vom Plan zum Markt“ führt der Umbau „vom Plan zum Clan“[27].
- Die Privatisierung ist erfolgreich, führt aber zur Zerstörung des demokratischen Prozesses (wie z.B. in Chile 1973).
- Eine Wettbewerbsdemokratie etabliert sich, führt aber nicht zur friedlichen Konfliktlösung, sondern beschwört ethnische, territoriale, konfessionelle und Minderheitenkonflikte herauf.
- Der Wettbewerb entsteht, führt aber nicht zu einer von der Bevölkerung akzeptierten Verteilungsgerechtigkeit.
- Als Ergebnis entwickelt sich ein anderer Typ von Demokratie, z.B. eine populistische Präsidialdiktatur.
- Es entstehen neue Forderungen nach einem dritten Weg, z.B. nach einer sozialistischen Marktwirtschaft ohne Privateigentum.

Das entscheidende Fundament des politischen und wirtschaftlichen Systemwechsels als Garant für eine erfolgreiche Transformation bilden die bestehenden bzw. sich entfaltenden demokratischen und marktwirtschaftlichen Verhaltensweisen und Wertorientierungen auf der Mikroebene. Dem Einzelnen wird im Transformationsprozeß viel Geduld und Zuversicht abverlangt. Die kognitive und konative Fähigkeit zur zügigen Anpassung an die veränderten, neuen Verhältnisse wird von der Bevölkerung ebenso gefordert wie die Bereitschaft, lange auf die Früchte dieser Anpassung zu warten sowie ein hohes Maß an Toleranz gegenüber zunehmender Einkommensdifferenzierung zu zeigen. Je tiefer die Kluft zwischen Armen und Reichen wird, desto schwerer werden die erforderlichen Tugenden von der Bevölkerung aufzubringen sein. Um den Reformprozeß nicht zu blockieren, wozu die besonders negativ betroffenen Bevölkerungsschichten durch die Wahrnehmung ihrer neu erworbenen demokratischen Bürgerrechte durchaus in der Lage wären, muß innerhalb der Gesellschaft mindestens ein Grundkonsens bezüglich der Einführung von Demokratie und Marktwirtschaft bestehen und andauern.

[27] Vgl. Stark 1990 nach Offe 1994, S. 75.

Hierin liegt das eigentliche Dilemma des Transformationsprozesses: Die Gleichzeitigkeit der Entwicklung von Demokratie und Marktwirtschaft ist ein langwieriger und schwieriger Prozeß, der einschneidende und umfassende Veränderungen in die Lebensverhältnisse der Bevölkerung bringt. Er bedarf aber vor allem der nötigen Zeit und des nötigen Vertrauensvorschusses der Bevölkerung in die Richtigkeit der Reformmaßnahmen und der angestrebten Ziele. Beides sind zunehmend knappe Ressourcen des Transformationsprozesses.

Wo die verlangten demokratischen und marktwirtschaftlichen Tugenden fehlen oder nur schwach ausgeprägt sind, muß die benötigte Zeit und die Geduld der Menschen durch die Reformpolitik eingefordert oder sozialpolitisch „erkauft“ werden, damit die Reformen nicht schon an ihrer Einführung zugrundegehen. In der Regel handelt es sich dabei um die sozialpolitische Verringerung der sozialen Kosten des Übergangs, welche - aufgrund hoher Haushaltsdefizite - durch ausländische Unterstützung und/oder durch interne Umverteilung finanziert werden müssen. Vor allem die Träger und Nutznießer des wirtschaftlichen Systemwechsels werden dabei stärker zu sozialstaatlichen Sicherungs- und Kompensationsleistungen herangezogen, wobei immer die Gefahr besteht, daß

> „die Ressourcen, die für die soziale Absicherung gegen »schöpferische Zerstörung« abgezweigt werden, ... diese zwar weniger zerstörerisch, dafür aber auch weniger schöpferisch [machen].“[28]

Solange aber die Grundlagen für eine marktwirtschaftliche Zivilgesellschaft nicht existieren, ist die Legitimation des Transformationsprozesses nur über politische und ökonomische Erfolge, d.h. über eine Verbesserung der materiellen und/oder immateriellen Lebensbedingungen möglich. Bleiben diese aus, besteht die Gefahr einer politischen Mobilisierung der Bevölkerung auf nationalistischem oder fundamentalistischem Wege. Die demokratische Öffnung kann sich dann in ein autoritär-populistisches System umkehren, in dem starke charismatische Persönlichkeiten die Politik bestimmen. Nicht nur, aber auch aus diesem Grund ist ein möglichst rascher wirtschaftlicher Erfolg für die Reformstaaten von größter Bedeutung.

---

28 Offe 1994, S. 78f.

3 Wirtschaftslage

Die volkswirtschaftliche Lage hat sich in Polen, Tschechien, Ungarn und Rußland seit Beginn des Transformationsprozesses sehr unterschiedlich entwickelt. Während die Visegrád-Staaten (Polen, Tschechien, Ungarn) ihre Wirtschaft vergleichsweise zügig umstrukturieren, droht der russische Reformprozeß aufgrund der instabilen politischen Verhältnisse zu stagnieren. Die Talfahrt der russischen Wirtschaft konnte erst 1997 beendet werden. Strukturelle Mängel haben besonders in Tschechien und Ungarn zu zwischenzeitlichen Wachstumspausen geführt. Polen verzeichnet als einziges der untersuchten Länder seit 1992 ein kontinuierliches Wirtschaftswachstum.

3.1 Polen

Die Dynamik der wirtschaftlichen Entwicklung ist in Polen im Vergleich zu den anderen Transformationsstaaten am stärksten ausgeprägt. Seit Mitte der 90er Jahre herrscht ein anhaltender Investitionsboom, der nicht nur eine Konsolidierung der polnischen Volkswirtschaft ermöglicht hat, sondern zugleich auch die Voraussetzung für dynamisches Wachstum in der Zukunft schafft. Der angestrebte Beitritt Polens zur EU fördert eine entschiedenere Inangriffnahme bisher aufgeschobener struktureller Reformprojekte.

3.1.1 Wirtschaftswachstum

Polen verzeichnet bereits im fünften Jahr ein im europäischen Vergleich überdurchschnittliches Wirtschaftswachstum und bleibt damit Vorreiter unter den mittel- und osteuropäischen Reformstaaten. Seit 1992 legte das reale Bruttoinlandsprodukt (BIP) im Jahresdurchschnitt um 5% zu.[29]

Das BIP ist 1997 gegenüber dem Vorjahr erneut um 6,9 % gestiegen und liegt nur geringfügig unter dem Rekordwert des Jahres 1995 (7%).[30]

Abbildung 3-1: Bruttoinlandsprodukt (Veränderungen in % zum Vorjahr)[31]

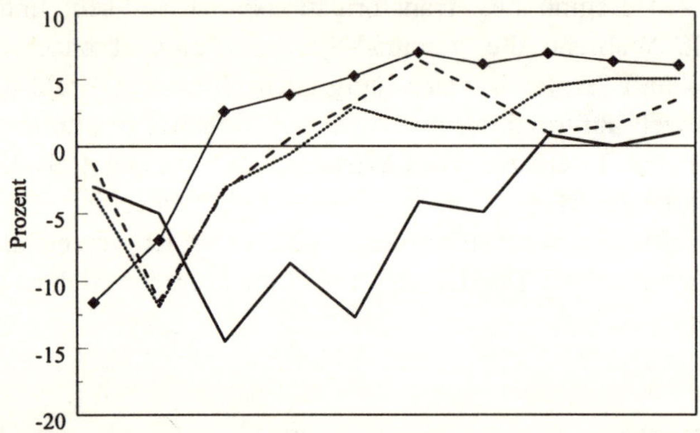

	1990	1991	1992	1993	1994	1995	1996	1997	1998*	1999*
Polen ◆	-11,6	-7,0	2,6	3,8	5,2	7,0	6,1	6,9	6,3	6,0
Tschechien - -	-1,2	-11,5	-3,3	0,6	3,2	6,4	3,9	1,0	1,5	3,5
Ungarn —	-3,5	-11,9	-3,1	-0,6	2,9	1,5	1,3	4,4	5,0	5,0
Rußland —	-3,0	-5,0	-14,5	-8,7	-12,7	-4,1	-4,9	0,8	0,0	1,0

* Prognose

Polen ist das erste der Transformationsländer, das sein gesamtwirtschaftliches Produktionsniveau von 1989 nicht nur erreicht, sondern sogar um gut

29 Institut der deutschen Wirtschaft 1998, S. 4

30 WIIW Forschungsberichte Nr. 248, Juni 1998, S. 54. Sämtliche Zahlenangaben in diesem Kapitel, die ohne eigenen Quellenverweis aufgeführt sind, wurden dem WIIW Forschungsbericht Nr. 248, Juni 1998 entnommen. Angaben aus anderen Quellen sind gesondert durch Fußnoten ausgewiesen.

31 Alle Angaben dieser und den nachfolgenden Tabellen vgl. auch Haarland/Niessen, Transformationsbarometer 1997

ein Zehntel übertroffen hat. Prognosen gehen trotz der leichten konjunkturellen Abschwächung weiterhin von einer kontinuierlichen und stabilen Wachstumsentwicklung aus (6,3% für 1998 und 6% für 1999). Die Eigendynamik des polnischen Wirtschaftswachstums ist hinreichend stark, um die wachstumsdämpfenden Einflüsse sowohl der Hochzinspolitik der polnischen Zentralbank und der Konjunkturschwäche des Hauptexportmarktes Westeuropa als auch die Auswirkungen der Flutkatastrophe vom Sommer 1997 zu neutralisieren.

Auf der Angebotsseite wird das Wirtschaftswachstum vor allem von Industrie und Bauwirtschaft getragen, wobei sich der private Sektor als ausgesprochen dynamisch erwiesen hat. Sein Anteil an der stetig wachsenden Industrieproduktion (1997: 10,8%; 1996: 8,3%; 1995: 9,7%) lag 1996 bei ca. 52%.[32] Die Arbeitsproduktivität erhöhte sich 1997 um 12,1% (1996: 9,6%; 1995: 6,6%).

Die Verwendungsseite weist seit 1992 strukturelle Veränderungen der einzelnen Nachfragekomponenten auf. Während das Wachstum anfänglich allein vom privaten Konsum getragen wurde (auch 1997 stieg der inländische Konsum gegenüber dem Vorjahr um 4,5%; 1996: 8,2%; 1995: 4,5%)[33], ist seit 1994 die überdurchschnittlich steigende Investitionsnachfrage eine der wichtigsten Wachstumsstützen. Der Investitionsboom wird vor allem von der dynamischen Entwicklung der Privatwirtschaft getragen.

3.1.2 Investitionsentwicklung

Die seit 1994 stark expandierende Investitionsentwicklung ist ein zentraler Indikator für die Nachhaltigkeit des polnischen Wirtschaftswachstums. Träger des Wachstums waren Ausrüstungsinvestitionen, die zwischen 1992 und 1994 real um durchschnittlich 15% gestiegen sind.[34]

Allerdings war der Grad der Ausrüstungsinvestitionen für Modernisierung und Strukturveränderung der Produktion nicht ausreichend. Profitiert haben vom Investitionswachstum vornehmlich traditionelle Branchen,

32 Osteuropa-Institut München 1997, S.1

33 Ebd., S. 7

34 Vgl. Schumacher/Trabold/Weise 1997, S. 99

während die Investitionen in forschungsintensiven Bereichen vergleichsweise gering blieben.[35] Der sprunghafte Anstieg der Investitionen wird auch durch Steuererleichterungen für Unternehmen unterstützt. Aufgrund des hohen Zinsniveaus sind die meisten Investitionen aber immer noch aus Gewinnen eigenfinanziert. Während die Bruttoinvestitionen 1994 im Vorjahresvergleich um 8,1% stiegen, lag die Wachstumsrate 1996 bereits bei 19,2%, 1997 sogar bei 25,9%. Für 1998 und 1999 wird mit ähnlich hohen Steigerungsraten gerechnet (20% bzw. 18%)

Der Gesamtwert der ausländischen Direktinvestitionen ist bis Ende 1997 um 6,6 Mrd. US-$ auf 20,6 Mrd. US-$ gestiegen. Dabei liegt der Anteil kurzfristiger spekulativer Investitionen bei höchstens 30%, es herrscht ein verstärktes Interesse an langfristigen Staatspapieren.[36]

Die günstigen gesamtwirtschaftlichen Wachstumsbedingungen sowie der im Vergleich zu Ungarn und Tschechien ungleich größere Absatzmarkt gelten als Hauptgrund dafür, daß Polen diesen Ländern als führender Investitionsstandort in Mittel- und Osteuropa mittlerweile den Rang abgelaufen hat.

3.1.3 Preisentwicklung

Seit 1990 ist die Inflationsrate stetig gesunken. Die Preissteigerungen sind aber im Hinblick auf eine EU-Mitgliedschaft noch immer zu hoch. Im Jahresdurchschnitt 1997 sank die Inflationsrate auf durchschnittlich 14,9% (1996: 19,9%; 1995: 27,8%). Sie war damit weiterhin höher als in Tschechien, jedoch niedriger als in Ungarn. Für 1998 und 1999 wird mit weiter sinkenden Inflationsraten gerechnet (13% bzw 10%).

Genährt wird die inflationäre Entwicklung von hohen Reallohnsteigerungen in unwirtschaftlichen Staatsbetrieben und administrativen Preisanhebungen (Energie, Mieten und einige kommunale Dienstleistungen) sowie der Ausdehnung des ausländischen Kreditvolumens. Die polnische Zentralbank führt dagegen ihre stabilitätsorientierte restriktive Geld- und Zinspolitik fort, um die Inflation weiter zurückzuführen.

---

35 Vgl. ebd., S. 136

36 Handelsblatt vom 10.3.1998

Grafik 3-2: Inflationsrate (Veränderung in % gegenüber dem Vorjahr)

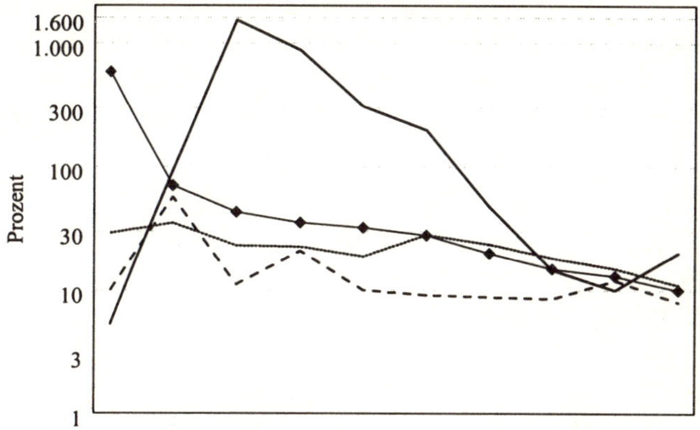

	1990	1991	1992	1993	1994	1995	1996	1997	1998*	1999*
Polen	585,8	70,3	43,0	35,3	32,2	27,8	19,9	14,9	13,0	10,0
Tschechien	9,9	56,6	11,1	20,8	10,0	9,1	8,8	8,5	12,0	8,0
Ungarn	28,9	35,0	23,0	22,5	18,8	28,2	23,6	18,3	15,0	11,0
Rußland	5,3	92,6	1.526,6	873,5	307,6	197,5	47,6	14,6	10,0	20,0

* Prognose

3.1.4 Arbeitsmarkt und Reallohnentwicklung

Die positive Wirtschaftsentwicklung hat zu einer leichten Entlastung auf dem Arbeitsmarkt geführt. Während die Arbeitslosenrate 1995 noch bei 14,9%[37] und 1996 bei 13,2% lag, ist sie im Verlauf des Jahres 1997 auf 10,5% gesunken.

Allerdings geben die offiziellen Zahlen nicht die tatsächliche Lage wieder: zum einen ist ein Teil der Arbeitslosen in der Schattenwirtschaft beschäftigt. Diese trug 1997 schätzungsweise 15% zum BIP bei.[38] Zum anderen besteht in der arbeitsintensiven Landwirtschaft und im Bereich der Schwerindustrie ein hohes Potential versteckter Arbeitslosigkeit. Der anstehende und auf Dauer unvermeidbare Strukturwandel im Agrarsektor und anderen Problemsektoren wie Kohle, Stahl und Chemie wird die Arbeitslosigkeit erhöhen, insbesondere aber die regionalen Unterschiede zwischen

37 WIIW Forschungsberichte Nr. 243, Februar 1998, S. 4

38 Handelsblatt vom 27./28.2.1998

den strukturschwachen ländlichen Regionen und den Städten weiter verschärfen.

Die Reallöhne stiegen 1997 nochmals rascher als in den vorangegangenen Jahren. Mit dem neuen Lohnfindungssystem (Lohnverhandlungen zwischen Regierung, Gewerkschaften und betrieblichem Management) ist ein beträchtlicher Lohnkostendruck entstanden. So lagen die realen Bruttolöhne um 5,7% über den anvisierten Lohnvorgaben (1996: 5,5%; 1995: 3,0%; 1994: 1,7%). Damit wurde bezüglich der verfügbaren Einkommen wieder das Niveau von 1987 erreicht, nachdem dieses zu Beginn der 90er Jahre drastisch zurückgegangen war.

3.1.5 Staatshaushalt

Seit 1993 liegt das polnische Haushaltsdefizit stabil unter 3% des BIP. Den Wirtschaftsaufschwung konnte die polnische Regierung durch Steuermehreinnahmen dazu nutzen, die Staatsfinanzen zu konsolidieren. Das erhöhte Defizit von 3,1% des BIP im Jahr 1997 wurde maßgeblich durch die Sonderbelastungen infolge der Hochwasserkatastrophe beeinflußt. Auch 1998 dürfte sich dies noch auf den Staatshaushalt auswirken. Den größten Haushaltsposten bilden weiterhin die Zuschüsse zur Sozialversicherung, wobei insbesondere die Altersversorgung der Landwirte, die zu 95% aus dem Staatshaushalt finanziert wird, ein bisher ungelöstes Problem darstellt.[39]

Die Reduzierung der Schuldenlast auf ca. 50% des BIP (1997: 49,7%; 1996: 50%; 1995: 60,2%; 1994: 69,5%)[40] wurde vornehmlich durch die Streichung der Auslandsschulden ermöglicht. Während die Auslandsverschuldung 1990 79% des BIP entsprach, betrug die Schuldenquote 1996 nur noch rund 31%. Bis Ende des Jahres 1998 wird mit einer weiter sinkenden Schuldenlastquote gerechnet.[41]

---

39 Vgl. Mittel- und Osteuropa-Perspektiven 1997, S. 160f.

40 Osteuropa-Institut München 1997, S. 7

41 Vgl. Mittel- und Osteuropa-Perspektiven, 1997, S. 165

3.1.6 Außenhandel und Zahlungsbilanz

Das polnische Außenhandelsvolumen ist in den vergangenen Jahren dynamisch gewachsen. Seit Anfang 1996 ist der Zuwachs bei den Außenhandelsströmen jedoch sehr ungleich verteilt: 1997 stiegen die Exporte auf nominaler US-$-Basis mit 5,4% (1996: 6,7%; 1995: 32,8%) ungleich geringer als die Importe, die um 13,9% (1996: 27,8%; 1995: 34,7%) zulegten. In der Folge wies die Handelsbilanz 1997 ein drastisch erhöhtes Defizit von 16,6 Mrd. US-$ auf (1996: 12,7 Mrd; 1995: 6,2 Mrd).

Verantwortlich für die relativ schwache Entwicklung der polnischen Exporte waren 1996 die Konjunkturschwäche in Westeuropa sowie die nachlassende Wettbewerbsfähigkeit polnischer Erzeugnisse infolge der realen Aufwertung des Zloty. Auf der Importseite sorgten die deutlich gestiegene Konsum- und Investitionsgüternachfrage und Maßnahmen zur Liberalisierung des polnischen Außenhandels mit der EU (Wegfall der Grenzsteuer, niedrigere Zollsätze) für eine hohe Dynamik; hinzu trat die importstimulierende Wirkung der realen Zloty-Aufwertung. Letztere setzte sich auch 1997 fort.

Im Verlauf des Reformprozesses wurde die Wechselkurspolitik, ähnlich wie in Tschechien und Ungarn, neben der Zollpolitik zum wichtigsten Instrument der Außenhandelsregulierung. Verschlechterungen der Handelsbilanz soll die gleitende Abwertung des Zloty gegenüber einem Währungskorb (crawling peg) entgegenwirken. Kritisiert wird mitunter die strukturkonservierende Wirkung dieser Wechselkurspolitik, da ein hoch bewerteter Zloty wie eine Wettbewerbspeitsche auf Strukturanpassung und Produktivitätssteigerung wirkt.

3.1.7 Privatisierung und Strukturwandel

Die Landwirtschaft und der Bergbau haben in Polen trotz ihres geringen Beitrags zum Bruttoinlandsprodukt (1995: 6,6% des BIP)[42] eine viel größere Bedeutung als in den westlichen Industrieländern. Rund ein Viertel der polnischen Erwerbstätigen ist in der Landwirtschaft beschäftigt. Ihr Beitrag

42 Mittel- und Osteuropa-Perspektiven 1997, S. 156

zur gesamtwirtschaftlichen Wertschöpfung wird voraussichtlich auch in den kommenden Jahren weiter sinken, während der tertiäre Sektor (vor allem Tourismus) seinen Anteil bereits in den letzten Jahren deutlich ausbauen konnte.

Offiziellen polnischen Angaben zufolge waren Ende 1995 fast 95% aller Wirtschaftsbetriebe in privater Hand. Der private Sektor erwirtschaftete 1996 rund 60% des Bruttoinlandsproduktes (1990: 31,4%).[43] Im Rahmen der „kleinen (Coupon-)Privatisierung" ist ein breiter klein- und mittelständischer Sektor entstanden; zugleich ist aber der Grad der Konzentration bei Großunternehmen in der Schwerindustrie noch sehr hoch.[44] Schwierige Privatisierungsprojekte (Chemie, Metallurgie, Leder) wurden auch nach dem Übergang der Regierung zur „Strategie der schnellen Privatisierung" Mitte des Jahres 1997 aufgeschoben, während profitable Unternehmen veräußert wurden.

Die von 1993 bis September 1997 regierende Koalition des postkommunistischen Linksbündnisses (SLD) mit der konservativen Bauernpartei (PSL) hat die Privatisierung nicht immer mit dem nötigen Nachdruck betrieben. Neben der Privatisierungspolitik gaben die ausstehende Modernisierung des Gesundheitswesens und der Rentenversicherung, die Gemeindereform sowie die Reform des Bildungswesens Anlaß zu Kontroversen innerhalb der Koalition, wobei sich die Bauernpartei für eine Drosselung des Reformtempos einsetzte. Die neue Regierungskoalition des konservativ-nationalistischen Wahlbündnisses AWS und der Freiheitsunion (UW) tritt für eine beschleunigte Privatisierung der verbliebenen Staatsbetriebe, die Reform der landwirtschaftlichen Strukturen und die Gemeindereform ein.

3.2 Tschechien

Die tschechische Volkswirtschaft hat sich von der Krise der Jahre 1996/97 noch nicht völlig erholt. Die Austeritätspolitik der Regierung Klaus wirkt sich mittelfristig dämpfend auf die konjunkturelle Entwicklung aus. Ver-

43 Ebd.

44 Vgl. Schumacher/Trabold/Weise 1997, S.135

zögerungen bei der Privatisierung „strategischer Betriebe“, insbesondere der Großbanken als Schlüsselsektor im Privatisierungsprozeß, verstärken die Intransparenz der tschechischen Kapitalmärkte und behindern so den Zufluß in- und ausländischen Investitionskapitals.

3.2.1 Wirtschaftswachstum

1997 hat die tschechische Volkswirtschaft erstmals seit 1993 eine Wachstumspause eingelegt. Im Vergleich zum Vorjahr konnte nur noch ein Wachstum von gut 1% erreicht werden. 1996 stieg das Bruttoinlandsprodukt im Vergleichszeitraum dagegen noch um 3,9% (1995: 6,4%). Prognosen gehen davon aus, daß sich die konjunkturelle Abflachung 1998 mit einer Wachstumsrate von 1,5% fortsetzt und erst 1999 eine leichte Besserung zu erwarten ist (3,5%).

Deutlich dämpfend auf die Konjunktur wirkten sich die beiden Sparpakete der Regierung sowie die Flutkatastrophe vom Sommer 1997 aus. Zudem verschlechterte die Festkurspolitik der Zentralbank, in deren Folge die Krone eine reale Aufwertung erfuhr, die Exportchancen der tschechischen Wirtschaft.

Den höchsten Wachstumsbeitrag leistete der Dienstleistungssektor. Sein Anteil am BIP lag 1996 bei 54,5%, während die Industrie (ohne Bau) im gleichen Jahr 33,8% des BIP erwirtschaftete.[45] 1997 betrug das Wachstum der industriellen Produktion 4,5% (1996: 2,0%; 1995: 8,7%), in der Bauwirtschaft war im Zeitraum von Januar bis September 1997 ein Wachstumsrückgang von minus 3,9 Prozentpunkten (1996: 4,8%; 1995: 8,5%) zu verzeichnen. Der private Verbrauch gewinnt seit 1993 zunehmend an Bedeutung für die Entwicklung des Bruttoinlandsprodukts (1994: 5,3%; 1995: 6,4%).[46] 1996 stieg die Nachfrage der privaten Haushalte real um 6%.[47]

---

45 Mittel- und Osteuropa-Perspektiven 1997, S. 242

46 Schumacher/Trabold/Weise 1997, S. 36

47 Osteuropa-Institut München 1997, S. 10

3.2.2 Investitionsentwicklung

Die Bruttoinvestitionen gingen 1997 gegenüber dem Vorjahr deutlich zurück (-4,9%). Bis zu diesem Zeitpunkt konnte die tschechische Wirtschaft vergleichsweise hohe Investitionsraten vorweisen (1996: 8,7%; 1995: 21,0%). Insgesamt sind seit 1990 rund 6,8 Mrd. US-$ an Auslandsinvestitionen in die tschechische Republik geflossen.[48] Tschechien liegt im Ländervergleich damit an zweiter Stelle hinter Ungarn, aber weit vor Polen und Rußland. Der Rückgang der Investitionen vor allem im ersten Quartal 1997 ist im wesentlichen auf die reale Aufwertung der ohnehin starken tschechischen Krone zurückzuführen. Hinzu kommt, daß die noch immer ausstehenden Strukturreformen im Finanzsektor das Vertrauen der Finanzmärkte und der ausländischen Investoren schwinden ließen.

3.2.3 Preisentwicklung

Trotz restriktiver Maßnahmen der tschechischen Regierung und der Zentralbank konnte die Teuerungsrate 1997 nur knapp unterhalb der 10%-Marke gehalten werden. Mit geschätzten 8,5% liegen die Preissteigerungen geringfügig unter den Vorjahreswerten (1996: 8,8%; 1995: 9,1%). Die für 1998 prognostizierte Inflationsrate von 8% wurde aufgrund der wirtschaftlichen Krise zu Beginn des Jahres 1997 auf 12% revidiert.

Ähnlich wie in Polen sind auch in Tschechien die nach wie vor steigenden Reallöhne, eine deutliche Anpassung administrierter Preise (Mieten, Strom, Gesundheitswesen, Telekommunikation) sowie die aufgrund der Kronenabwertung erhöhten Preise für Importgüter Ursache für die auf hohem Niveau stagnierende Inflation.

3.2.4 Arbeitsmarkt und Reallohnentwicklung

Lange Zeit konnte die Arbeitslosigkeit in Tschechien sehr gering gehalten werden (1996: 3,5%; 1995: 2,9%). Dies ist unter anderem auf den Erhalt

48 Handelsblatt vom 4.5.1998

der staatlichen Betriebe aus den volkswirtschaftlich sensitiven Bereichen Gas- und Elektrizitätsversorgung, Telekommunikation und Banken zurückzuführen, deren Privatisierung aus politischen Gründen bisher zurückgestellt wurde. Der seit 1996 bestehende Trend steigender Arbeitslosenzahlen hält auch 1997 weiter an, wenngleich die Quote von 5,2% noch immer einen außergewöhnlich guten Wert darstellt. Die Entwicklung auf dem Arbeitsmarkt wird zum einen durch die Konjunktur bestimmt, zum anderen werden Arbeitsplätze im Zuge der Umstrukturierungen in der tschechischen Industrie abgebaut. Für 1998 wird aufgrund dieser Effekte mit einem Anstieg der Arbeitslosenquote auf 7% gerechnet.[49]

Grafik 3-3: Arbeitslosigkeit (Bestand am Ende einer Periode)

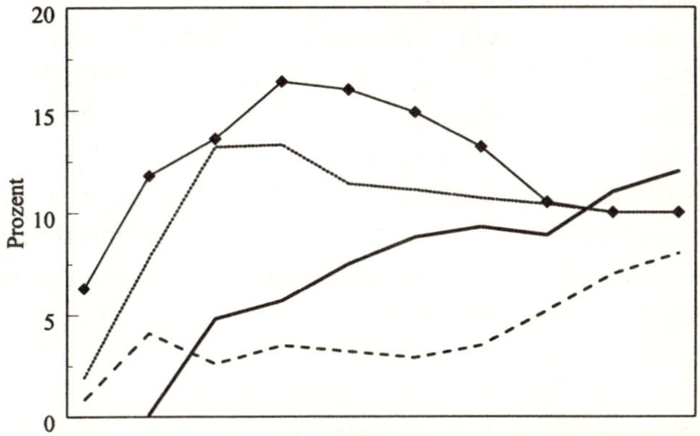

	1990	1991	1992	1993	1994	1995	1996	1997	1998*	1999*
Polen	6,3	11,8	13,6	16,4	16,0	14,9	13,2	10,5	10,0	10,0
Tschechien	0,8	4,1	2,6	3,5	3,2	2,9	3,5	5,2	7,0	8,0
Ungarn	1,9	7,8	13,2	13,3	11,4	11,1	10,7	10,4	10,0	10,0
Rußland		0,1	4,8	5,7	7,5	8,8	9,3	8,9	11,0	12,0

* Prognose

Die gesamtwirtschaftliche Lohn- und Gehaltsentwicklung verlief 1997 mit lediglich 1,9% Zuwachs gegenüber dem Vorjahreszeitraum deutlich langsamer als in den Jahren zuvor (1996: 8,8%; 1995: 8,6%). Als problematisch erwies sich besonders im Wahljahr 1996 die geringe Zurückhaltung bei der Lohnentwicklung im öffentlichen Sektor, wo trotz sehr mäßigen

49 WIIW Forschungsberichte Nr. 243, Februar 1998, S. 4

Produktivitätsfortschritts die Löhne und Gehälter deutlicher anstiegen als im betrieblichen Bereich.[50]

3.2.5 Staatshaushalt

1996 verzeichnete der tschechische Staatshaushalt erstmals ein geringfügiges Defizit von 1,6 Mrd. Kc (1995: +7,2 Mrd. Kc; 1994: +10,4 Mrd. Kc). Dazu trugen nicht unwesentlich ausstehende Steuerschulden bei, die Ende 1996 3,6% der Gesamtsteuereinnahmen ausmachten. Der für 1997 mit Hilfe strenger Haushaltsdisziplin angestrebte Etatausgleich ließ sich - u.a. aufgrund der Kosten der Hochwasserkatastrophe - nicht verwirklichen: das Defizit stieg 1997 drastisch auf 15,7 Mrd. Kc an.

Der niedrige Stand der Auslandsverbindlichkeiten zu Reformbeginn weist indessen eine stark steigende Tendenz auf (1997: 43,8% des BIP; 1996: 39,2%; 1995: 35,1%; 1994: 29,7%).[51] Bis zum Jahresende 1997 stieg die Bruttoauslandsverschuldung auf rund 21,4 Mrd. US-$, einem in Relation zum Bruttoinlandsprodukt gesunden Wert.[52] Infolge der Währungsturbulenzen Mitte des Jahres 1997 kann das hohe Leistungsbilanzdefizit voraussichtlich nur über eine Neuverschuldung und den Abbau von Währungsreserven finanziert werden.

3.2.6 Außenhandel und Zahlungsbilanz

Während die Warenexporte (auf US-$-Basis) 1997 nominal um 4,0% stiegen (1996: 1,2%; 1995: 19,9%), gingen die Importe um 1,9% zurück (1996: 9,8%; 1995: 39,5%). Das Außenhandelsdefizit betrug damit insgesamt rund 4,4 Mrd. US-$, eine Summe, die unter dem Vorjahreswert liegt (1996: -5,8 Mrd.; 1995: -3,6 Mrd.). Für 1998 und 1999 wird mit einem weiteren Abbau des Defizits gerechnet (-3,2 Mrd. bzw. -3,5 Mrd.).

---

50 Osteuropa-Institut München 1997, S. 11

51 Mittel- und Osteuropa-Perspektiven 1997, S. 253

52 Vgl. ebd., S. 245

Infolge massiven spekulativen Drucks war die tschechische Zentralbank im Mai 1997 gezwungen, eine Abwertung der Krone zuzulassen und die Wechselkurse freizugeben. Ausschlaggebend für den Abwertungsdruck war neben der Lohn-Preis-Spirale vor allem die defizitäre Leistungsbilanz.

Grafik 3-4: Leistungsbilanz (in Mrd. US-$)

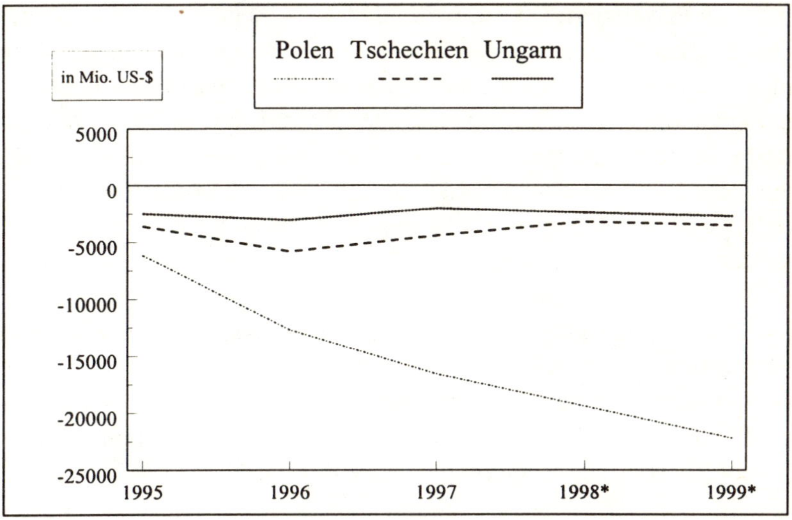

Mittlerweile konnte sich die Krone - nicht zuletzt durch die Sparpolitik der tschechischen Regierung - auf einem leicht niedrigeren Niveau stabilisieren.

3.2.7 Privatisierung und Strukturwandel

Die tschechische Wirtschaft ist traditionsgemäß industriell geprägt. Der Anteil der Industrie (ohne Bau) am Bruttoinlandsprodukt liegt bei etwa 34%, der entsprechende Anteil des Dienstleistungssektors ist im Zuge des Transformationsprozesses auf fast 55% angewachsen. Der Beitrag der Landwirtschaft zum Bruttoinlandsprodukt bleibt mit 5% marginal. [53]

---

53 Mittel- und Osteuropa-Perspektiven 1997, S. 242 (alle Angaben für 1996)

Mit einem Anteil der Privatwirtschaft am Bruttoinlandsprodukt von 75% liegt Tschechien an der Spitze der mittelosteuropäischen Reformstaaten (Beginn 1996).[54] Von der ersten Privatisierungswelle (ab Februar 1991) wurden in Tschechien rund 1500 Betriebe mit einem Anlagevermögen von 750 Mrd. Kronen erfaßt. Dazu gehörten Banken, Versicherungen, Kraftwerke und Industriebetriebe verschiedener Branchen. Ab 1993 wurden mit der zweiten Privatisierungswelle vor allem Unternehmen aus den Branchen Kohle und Stahl, Strom- und Gasversorgung, Petrochemie und Telekommunikation vermehrt auch an ausländische Investoren verkauft. Die Couponprivatisierung war allerdings nur zum Teil erfolgreich, da „strategisch" wichtige Betriebe (Energiesektor, Post, Eisenbahn) weiterhin in Staatshand blieben. Ein Großteil der privatisierten Firmen steht zudem aufgrund geringer Eigenfinanzierungsmöglichkeiten (durchschnittliche Verschuldungsquote tschechischer Unternehmen: 43%) unter dem Einfluß des halbstaatlichen Bankenwesens. Die geringe Transparenz am Kapitalmarkt verhindert den Zufluß langfristig orientierter Industriebeteiligungen und leistet damit der Verschleppung industrieller Restrukturierungen Vorschub. Die Bankenprivatisierung wurde erst von der Übergangsregierung Tosovsky in Angriff genommen, ihre Verzögerung ist auf die instabile politische Lage nach dem Rücktritt der Regierung Klaus zurückzuführen.

3.3 Ungarn

Ungarn ist im Prozeß der wirtschaftlichen Transformation vergleichsweise am weitesten fortgeschritten. Die Privatisierungsstrategie der ungarischen Regierung begünstigt in hohem Maße ausländische Investitionen, die dazu beigetragen haben, Ungarns Spitzenreiterposition als Investitionsstandort zu begründen. Die Austeritätspolitik der Regierung Horn hat neben der außenwirtschaftlichen Konsolidierung des Landes auch zur Sanierung des Staatshaushaltes geführt.

---

54 Ebd.

3.3.1 Wirtschaftswachstum

Das Bruttoinlandsprodukt Ungarns hat im Zuge der wirtschaftlichen Konsolidierung wieder zugelegt: 1997 betrug das Wachstum 4,4%, nach nur bescheidenen Wachstumsraten 1995 (1,5%) und 1996 (1,3%). Für 1998 und 1999 ist mit einem weiteren Wachstum von jeweils etwa 5% zu rechnen.

Die 1995 eingeleitete restriktive Stabilitätspolitik hat dazu geführt, daß sich das Konjunkturklima erheblich abgekühlt hat. Nachdem die Industrieproduktion (ohne Bau) 1996 mit 3,4% die niedrigste Steigerungsrate verzeichnete (1995: 4,6%; 1994: 9,5%), stieg sie 1997 aber wieder um 11,1%.

Grafik 3-5: Industrieproduktion (Veränderung in % gegenüber dem Vorjahr)

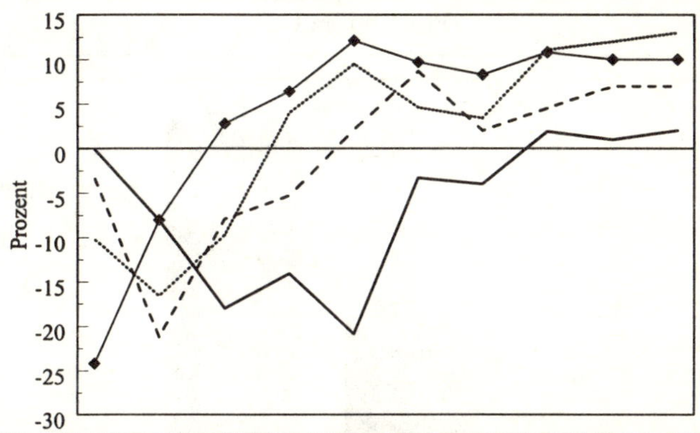

	1990	1991	1992	1993	1994	1995	1996	1997	1998*	1999*
Polen	-24,2	-8,0	2,8	6,4	12,1	9,7	8,3	10,8	10,0	10,0
Tschechien	-3,3	-21,2	-7,9	-5,3	2,1	8,7	2,0	4,5	7,0	7,0
Ungarn	-10,2	-16,6	-9,7	4,0	9,5	4,6	3,4	11,1	12,0	13,0
Rußland	-0,1	-8,0	-18,0	-14,1	-20,9	-3,3	-4,0	1,9	1,0	2,0

* Prognose

Die Folgen der Sparpolitik sind vor allem auf der Verwendungsseite des BIP spürbar. Der private Verbrauch ging 1996 um 4,1%, der öffentliche Verbrauch um 5% zurück.[55] Der Konsumrückgang trägt maßgeblich zur Schwäche der Binnenkonjunktur bei. Die leichte Konjunkturbelebung ist

55 Osteuropa-Institut München 1997, S. 25

daher weitgehend auf die unvermindert hohe Exportdynamik und steigende Investitionen zurückzuführen.

3.3.2 Investitionsentwicklung

Die Bruttoinvestitionstätigkeit hat sich nach dem Einbruch des Jahres 1995 (-5,3%) bereits 1996 (5,2%) wieder erholt. Während das Investitionswachstum 1997 mit 8,3% Zuwachs noch einmal angezogen hat, zeichnet sich ein Wandel bei seiner Zusammensetzung ab: die privatwirtschaftlichen Investitionen sind kräftig gestiegen, die öffentlichen Investitionen, vor allem im Infrastrukturbereich, dagegen stark rückläufig.

Grafik 3-6: Kumulierte Nettozuflüsse an Direktinvestitionen 1989 bis 1996
(Pro-Kopf in US-$)[56]

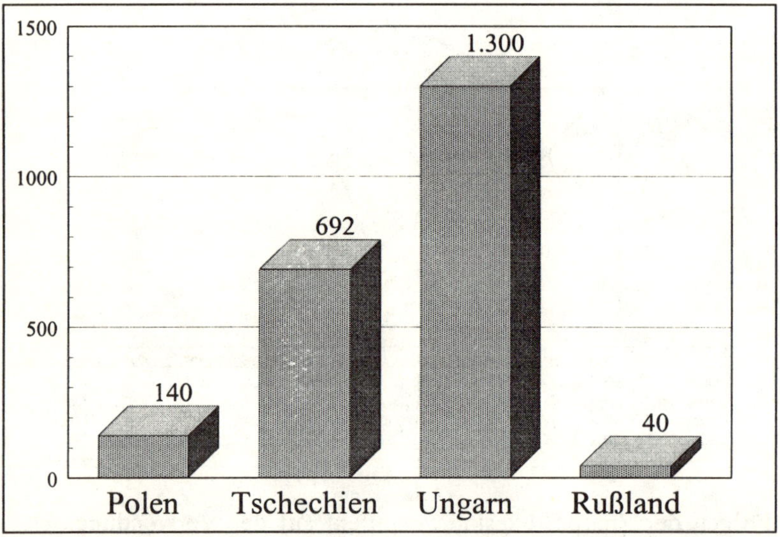

Der vergleichsweise fortgeschrittene Stand der Wirtschaftsreformen und die ungarische Privatisierungsstrategie begünstigen die Investitionstätig-

56 Quelle: ebd.

keit. Vor allem ausländische Investoren haben das Vertrauen in den Standort Ungarn zurückgewonnen. Im Zeitraum von 1989 bis 1996 flossen ausländische Direktinvestitionen von rund 13 Mrd. US-$ in die ungarische Volkswirtschaft, die damit hier die Spitzenposition vor Tschechien und Polen einnimmt.[57]

3.3.3 Preisentwicklung

Die unverändert hohe Inflation bleibt ein Schwachpunkt der ungarischen Wirtschaftsentwicklung. Nach dem Schock des Jahres 1995, als die Inflationsrate um fast 10% auf 28,2% hochschnellte, konnte die Preissteigerung durch die Austeritätspolitik der ungarischen Regierung und die restriktive Geldpolitik der Zentralbank langsam wieder abgebaut werden (1996: 23,6%; 1997: 18,3%). Schätzungen gehen für 1998 und 1999 von weiter sinkenden Inflationsraten aus (15% bzw. 11%).

Neben administrativen Preisanhebungen (Strom, öffentlicher Verkehr) heizen die in die Lohnverhandlungen einfließenden Inflationserwartungen das Preisklima weiter an. Darüber hinaus verteuert die stetige Abwertung des Forint die Importe industrieller Güter, welche wegen der noch relativ schwachen industriellen Basis nicht im eigenen Land hergestellt werden können.

3.3.4 Arbeitsmarkt und Reallohnentwicklung

Der beginnende Konjunkturaufschwung zeigt auf dem Arbeitsmarkt nur wenig positive Wirkung. 1997 ist die Arbeitslosenquote gegenüber dem Vorjahreszeitraum leicht von 10,7% auf 10,4% gesunken. Für 1998 und 1999 werden keine wesentlichen Entlastungen auf dem Arbeitsmarkt erwartet. Prognosen rechnen weiterhin mit einer Arbeitslosenquote, die um die 10% liegt.

Die Konsolidierungspolitik der vergangenen beiden Jahre hatte für breite Bevölkerungskreise Ungarns einen hohen sozialpolitischen Preis.

---

57 Institut der deutschen Wirtschaft 1998, S. 5

Die Reallöhne sanken 1995 drastisch um 8,9%. Auch 1996 mußten die ungarischen Arbeitnehmer reale Lohneinbußen von 2,6% hinnehmen. Erst im vergangenen Jahr 1997 konnte ein Anstieg der Reallöhne verzeichnet werden (3,4%).

Die sinkenden Reallöhne beeinflussen aber die Durchschnittsproduktivität in der Industrie positiv. Nachdem diese 1995 um 10,2% zulegen konnte, stieg sie 1996 noch einmal um 9,4%, im Folgejahr sogar um 13,5%.

Grafik 3-7: Reallohnentwicklung (Veränderung in % gegenüber d. Vorjahr)

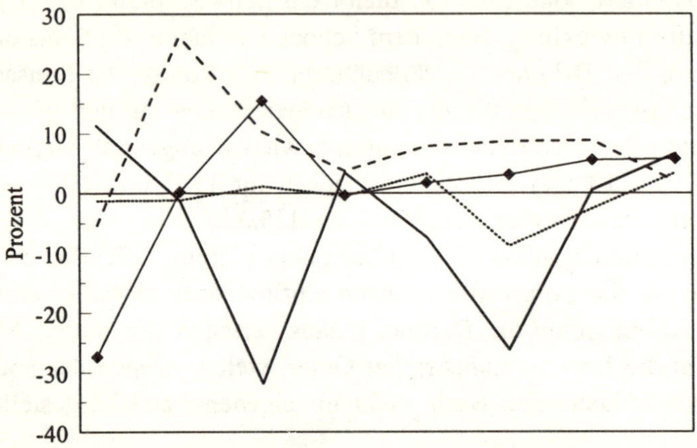

	1990	1991	1992	1993	1994	1995	1996	1997
Polen	-27,4	0,2	15,4	-0,4	1,7	3,0	5,5	5,7
Tschechien	-5,5	26,3	10,2	3,7	7,8	8,6	8,8	1,9
Ungarn	-1,3	-1,2	1,1	-0,5	3,2	-8,9	-2,6	3,4
Rußland	11,3	-1,3	-31,9	3,4	-7,4	-26,2	0,5	6,6

3.3.5 Staatshaushalt

Mit Hilfe des 1995 von der Regierung Horn vorgelegten Sparpaketes gelang es, das Haushaltsdefizit von der Rekordhöhe 7,4% (1994) auf 3,3% des BIP (1996) zu drücken. Das günstige Ergebnis wurde auch durch steigende Unternehmensgewinne sowie Erfolge bei der Bekämpfung der Schattenwirtschaft ermöglicht. Der Staatshaushalt für 1997 trägt deutlich expansive Züge mit dem Ziel der Förderung des Wirtschaftswachstums (v.a. durch den Ausbau der Infrastruktur). Für 1997 wird daher mit einem Defizit in Höhe von 5,0% des Bruttoinlandsproduktes gerechnet.[58]

Dank des hohen Kapitalzustroms konnte die Auslandsverschuldung von 31,7 Mrd. US-$ (1995) auf 27,6 Mrd. US-$ (1996) gesenkt werden. Die konsequente Bedienung der Auslandsverbindlichkeiten, die auch in Zeiten schwacher gesamtwirtschaftlicher Leistung Priorität genießt, hat dazu geführt, daß die nominale Auslandsverschuldung 1997 weiter rückläufig ist (23,7 Mrd.). Mittelfristig dürfte Ungarn damit sein Schuldenproblem überwunden haben. Die ungarische Regierung plant, einen im Abkommen mit dem IWF eingeräumten Stand-By-Kredit nicht in Anspruch zu nehmen.

3.3.6 Außenhandel und Zahlungsbilanz

Die außenwirtschaftliche Konsolidierung ist neben der Sanierung des Staatshaushaltes seit 1995 der zweite große wirtschaftspolitische Erfolg der ungarischen Regierung.

Durch die kontinuierliche Abwertung der Landeswährung und die Einführung eines Importzuschlages stiegen die Importe 1996 im Vergleich zum Vorjahr mit 5,0% nur geringfügig (1995: 5,4%; 1994: 15,8%). Drastischer verlief der Einbruch im Exportbereich, wo 1996 lediglich ein Zuwachs von 1,7% gegenüber dem Vorjahreswert erreicht wurde (1995: 20,2%). Die zunehmende Wettbewerbsfähigkeit der ungarischen Industrie drückt sich in einem Anstieg der Güterexporte aus. Die Exportzuwächse lagen 1997 mit 21,6% deutlich über den Importwerten (16,3%).

Die ungarische Handelsbilanz weist insgesamt einen stetig verlaufenden, geringfügig defizitären Trend auf (1997: -2,0 Mrd. US-$; 1996: -3,1 Mrd. US-$; 1995: -2,5 Mrd. US-$). Ein kontrollierter Importüberschuß ist dabei erwünscht, um durch Technologieimporte den Rückstand gegenüber den westeuropäischen Industrienationen aufzuholen.

---

58 Mittel-und Osteuropa-Perspektiven, Jahrbuch 1997/98, Band 1, S. 285

3.3.7 Privatisierung und Strukturwandel

Der tertiäre Sektor der ungarischen Wirtschaft ist im Vergleich zu anderen mittelosteuropäischen Reformstaaten relativ stark ausgeprägt. Dienstleistungsunternehmen erwirtschaften ca. 59% des Bruttoinlandsproduktes (Stand 1995). Industrie und Bauwirtschaft tragen rund ein Drittel zur gesamtwirtschaftlichen Wertschöpfung bei. Dagegen spielt der Agrarbereich mit einem Anteil von 7% am Bruttosozialprodukt eine eher untergeordnete Rolle.[59]

Im Vergleich zu Polen und Tschechien hat Ungarn die Privatisierung schon seit Beginn des Reformprozesses unter starker Beteiligung ausländischen Kapitals vorangetrieben. Dies gilt auch für wichtige strategische Bereiche wie den Energie- und Telekommunikationssektor sowie das Bankenwesen. Mehr als 50% der Gesamtproduktion und über 70% des gesamten Exports der verarbeitenden Industrie werden durch ausländische Unternehmen abgewickelt.[60] Das ungarische Privatisierungsmodell orientiert sich am Vorbild der deutschen Treuhandanstalt: der Verkauf von Betrieben erfolgt nach Standardmethoden zu Marktpreisen. Die in Polen und Tschechien durchgeführte Couponprivatisierung konnte sich wegen der Probleme bei der Schaffung einer soliden Kapitalbasis und wettbewerbsfähiger Unternehmensstrukturen in Ungarn nicht durchsetzen.

Teilweise wird kritisiert, daß die Privatisierung mit Hilfe ausländischer Beteiligungen zu wenig zur Stärkung des ungarischen Mittelstandes beigetragen hat.

3.4 Rußland

Der Transformationsprozeß der russischen Volkswirtschaft ist durch ausgeprägte Instabilität gekennzeichnet. Die für eine grundlegende gesamtwirtschaftliche Erholung notwendige Voraussetzung stabiler politischer, rechtlicher und ordnungspolitischer Rahmenbedingungen fehlt weitgehend. Mangelnde Kontinuität im Privatisierungsprozeß, besonders aber die ge-

59 Mittel-und Osteuropa-Perspektiven 1997, S. 273

60 Süddeutsche Zeitung vom 19.3.1998, Sonderbeilage Ungarn, S. VII

ringe Transparenz der politischen und ökonomischen Entscheidungsprozesse verunsichern potentielle Investoren und verhindern damit den dringend benötigten Zufluß in- und ausländischen Investitionskapitals. Als Erfolg der russischen Wirtschaftspolitik ist die drastische Senkung der Inflationsrate zu sehen, deren Wert sich den durchschnittlichen Preissteigerungsraten der Visegrád-Staaten angenähert hat.

3.4.1 Wirtschaftswachstum

Wenn auch von Seiten der russischen Regierung seit zwei Jahren immer wieder für das kommende Jahr ein Wirtschaftswachstum vorausgesagt wurde, ließ sich diese optimistische Sichtweise erst 1997 bestätigen. Nachdem das Bruttoinlandsprodukt 1995 (-4,1%) und 1996 (-4,9%) im Vergleich zu den vorangegangenen Jahren gemäßigt sank, konnte das Land 1997 erstmals ein geringfügiges Wachstum von 0,8% verzeichnen. Die Talfahrt der russischen Wirtschaft scheint damit vorerst gestoppt. Für 1998 und 1999 ist jedoch bestenfalls mit einem Nullwachstum zu rechnen (0% bzw. 1%).

Die Stabilisierung auf der Angebotsseite wurde 1997 in erster Linie durch die im Vorjahresvergleich leicht gestiegene Industrieproduktion ermöglicht (1997: 1,9%; 1996: -4,0%; 1995: -3,3%). Dem Zuwachs in der industriellen Produktion steht eine stagnierende Agrarproduktion gegenüber (1997: 0,1%; 1996: -5,1%; 1995: -8,0%).

Auf der Nachfrageseite war 1997 eine positive Entwicklung beim privaten Verbrauch festzustellen. Der Einzelhandelsumsatz stieg erstmals wieder um 2,5% (1996: -4,1%; 1995: -7,0%), die Dienstleistungen sogar um 3,7% (1996: -5,8%; 1995: -18%).[61]

Beständiges Wachstum wird aber erst möglich sein, wenn es die Regierung schafft, die notwendigen strukturellen Reformen durchzuführen. Die Rahmenbedingungen für in- und ausländische Investoren sind immer noch unzureichend, die Investitionen im Vergleich zu den Visegrád-Staaten zu gering. Ebenso mangelt es an funktionsfähigen marktwirtschaftlichen Institutionen und Regelsystemen, wie etwa der längst überfälligen Steuerre-

61 DIW-Wochenbericht Nr. 18, 1998, S. 294

form. Die grassierende Korruption muß bekämpft und das Rechtssystem im Sinne rechtsstaatlicher Prinzipien institutionalisiert werden.

3.4.2 Investitionsentwicklung

Die Investitionsentwicklung weist in Rußland im Gegensatz zu den Visegrád-Staaten einen anhaltend negativen Trend auf. Der reale Umfang der Bruttoanlageinvestitionen ging 1997 erneut um 5% zurück. Der Rückgang verlief damit aber deutlich langsamer als in den vergangenen Jahren, in denen die Investitionen jährlich mit zweistelliger Rate schrumpften (1996: -18,0%; 1995: -10,0%).

Grafik 3-8: Investitionen (Veränderung in % gegenüber dem Vorjahr)

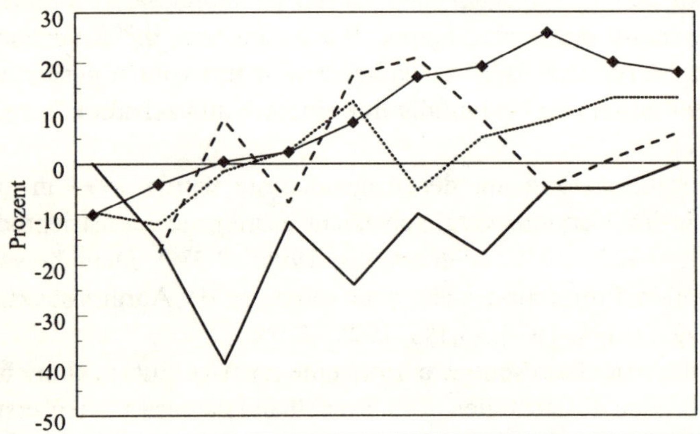

	1990	1991	1992	1993	1994	1995	1996	1997	1998*	1999*
Polen	-10,1	-4,1	0,4	2,3	8,1	17,1	19,2	25,9	20,0	18,0
Tschechien		-17,6	8,8	-7,7	17,3	21,0	8,7	-4,9	1,0	6,0
Ungarn	-9,6	-12,1	-1,5	2,5	12,3	-5,3	5,2	8,3	13,0	13,0
Rußland	0,1	-15,5	-39,7	-11,6	-24,0	-10,0	-18,0	-5,0	-5,0	0,0

* Prognose

Die lahmende Investitionsbereitschaft ist der größte Hemmschuh für die wirtschaftliche Entwicklung Rußlands. Weder die fehlenden ordnungspolitischen Rahmenbedingungen (Steuergesetzgebung, Sozial- und Rechtssystem) noch die Nachfrage- und Kostenseite bieten genügend Anreize für eine langfristige Kapitalanlage. Extrem hohe Realzinsen verhindern zudem eine realistische Investitionsfinanzierung.

Die Kapitalflucht ins Ausland hat sich spürbar verringert (1996: ca. 20 Mrd. US-$[62]; 1997: ca. 12-15 Mrd. US-$[63]). 1997 brachte einen starken Zustrom kurzfristiger Kapitalanlagen, welche fast ausschließlich für die Finanzierung des Haushaltsdefizits verwendet wurden. 1998 ist nicht mit einer Belebung der Investitionen zu rechnen.

Ausländische Direktinvestitionen haben 1996 zwar leicht zugenommen, bewegen sich aber im Vergleich zu anderen Reformstaaten weiterhin auf niedrigem Niveau. Mit 10 Mrd. US-$ sind Regierungsangaben zufolge 1997 doppelt so hohe Auslandsinvestitionen wie im Jahr davor in die russische Volkswirtschaft eingeflossen.[64] Die kumulierten Netto-Zuflüsse ausländischer Direktinvestitionen erreichten zwischen 1989 und 1996 insgesamt nur rund 6 Mrd. US-$.[65] Damit liegt Rußland weit abgeschlagen hinter den übrigen mittelosteuropäischen Reformstaaten.

Die sektorale Struktur der ausländischen Direktinvestitionen hat sich seit 1995 deutlich verändert: während bis 1995 rund ein Viertel der Gesamtsumme an ausländischem Kapital in die Brennstoffindustrie und andere rohstoffnahe Industriezweige investiert wurde, ist seither eine Verlagerung auf die Bereiche Handel und Gaststätten, Banken und Versicherungen sowie auf die Marktinfrastruktur feststellbar. Von den Auslandsinvestitionen profitierte vor allem die Stadt Moskau, die im ersten Halbjahr 1996 fast zwei Drittel aller ausländischen Investitionen auf sich vereinigen konnte.[66]

Die russische Regierung hat in der Vergangenheit auf die Entwicklung von „Finanz-Industriellen-Gruppen" als Ausweg aus der Investitionskrise gesetzt. Durch die Verflechtung von Finanzinstituten und Industrieunternehmen (z.B. Oneximbank, Menatep, Gazprom, Lukoil, Imperial Bank, Most-Bank) sollen die Finanzkraft und dadurch längerfristig die Konkurrenzfähigkeit der russischen Industrie gestärkt und neue Investitionsprojekte angeregt werden. Ähnlich wie in Tschechien sind auch in Rußland einige führende Banken über ihre Privatisierungsfonds Motoren eines wirtschaft-

---

62 Handelsblatt vom 12.6.1997

63 Schätzung der Russischen Zentralbank, in: Handelsblatt vom 6./7.6.1997

64 Handelsblatt vom 2.2.1998

65 Institut der deutschen Wirtschaft 1998, S. 5

66 Vgl. Bundesministerium für Wirtschaft 1997, S. 33

lichen Konzentrationsprozesses geworden, der Wettbewerb und Wachstum behindert.

3.4.3 Preisentwicklung

Die Inflationsrate ist seit 1996 kontinuierlich gesunken. Der Konsumentenpreisindex stieg 1996 im Vergleich zum Vorjahr nur noch um 47,6% (1995: 197,5%; 1994: 307,6%). 1997 konnte die Preissteigerungsrate sogar auf ein Drittel des Vorjahreswertes gedrückt werden (14,6%). Für 1998 wird mit einer Annäherung an die 10%-Marke gerechnet. Administrativ gesetzte Preise zogen 1997 im Gegenzug kräftig an (+22,5%).[67]

Grafik 3-9: Verbraucherpreise (Veränderung in % gegenüber dem Vorjahr)

Ursächlich für die drastische Verringerung der Inflationsrate sind die zurückhaltende Ausgabenpolitik des Staates, ein stabiler Rubelkurs sowie die seit 1995 geltende restriktive Geldpolitik der Zentralbank mit extrem ho-

67 DIW-Wochenbericht, Nr. 18, 1998, S. 297

hen Realzinsen. Hinzu kommt das fortgesetzt niedrige Niveau der volkswirtschaftlichen Nachfrage.

Mit der Einschränkung der Staatsausgaben und den daraus resultierenden Rückwirkungen auf Unternehmen und Haushalte sind teilweise schwerwiegende soziale Einschnitte verbunden. Die von der Regierung vorgegebenen Stabilitätsziele wurden nur über den Umweg der Aussetzung von Zahlungen aller Art erreicht. Die strukturellen Voraussetzungen für eine nachhaltige Preisniveaustabilität - Kontrolle der Preispolitik der natürlichen Monopole, Demonopolisierung der marktbeherrschenden Kartelle und Quasimonopole (z.B. Gazprom, Vereinigte Energiesysteme RAO UES, Eisenbahngesellschaft) sowie eine wirksamere Durchsetzung aktiver wettbewerbsfördernder Maßnahmen - stehen weiterhin aus.

3.4.4 Arbeitsmarkt und Reallohnentwicklung

Die Arbeitslosenrate steigt in Rußland seit 1991 kontinuierlich an. Während die Quote 1995 laut offiziellen Angaben bei 8,8 % lag[68], erhöhte sie sich 1996 geringfügig auf 9,3%. 1997 war nur ein leichter Rückgang zu verzeichnen (8,9%).

Die Entwicklung auf dem Arbeitsmarkt wird durch enorme Einbrüche sowohl in der Industrieproduktion als auch bei der Arbeitsproduktivität forciert. Schmerzhafte Einschnitte bei den Beschäftigungszahlen sind die Folge. Der Prozeß der Angleichung der Beschäftigtenzahlen an das niedrige gesamtwirtschaftliche Produktivitäts- und Produktionsniveau ist noch nicht abgeschlossen. Für die kommenden beiden Jahre wird daher mit einer weiteren Verschlechterung der Lage auf dem Arbeitsmarkt gerechnet (1998: 11%; 1999: 12%). Allerdings herrscht auf dem Arbeitsmarkt eine starke regionale und sektorale Differenzierung. In Moskau etwa besteht Arbeitskräftemangel.

Die Reallöhne sind in Rußland großen Schwankungen unterworfen. 1995 gaben die Reallöhne um 26,2% nach. Seit 1996 sind dagegen leichte

68 Angaben gemäß ILO-Methodik

Steigerungsraten zu verzeichnen (1996: 0,5%; 1997: 6,6%).[69] Der Anteil der Löhne aus unselbständiger Arbeit nimmt - gemessen am volkswirtschaftlichen Gesamteinkommen - ab. Dagegen steigt der Anteil der Einkommen aus unternehmerischer Tätigkeit und Vermögen. 1990 betrug der Anteil der Einkommen aus unselbständiger Arbeit noch 74,1% vom verfügbaren Gesamteinkommen, 1997 lag er nur noch bei 42,9%. Der Anteil der Einkommen aus Unternehmertätigkeit und sonstigen Einkommen lag 1990 bei nur 8,7% und ist bis 1997 auf 36,1% gestiegen.[70]

Generell ist eine starke Zunahme der Einkommensunterschiede zu beobachten. Drastischen Einbußen für normale Lohnempfänger stehen erhebliche Einkommenszuwächse für eine kleine Minderheit der Bevölkerung gegenüber. Das Ergebnis ist eine zunehmende Verarmung breiter Bevölkerungskreise.

Es besteht jedoch Unsicherheit über die tatsächliche Einkommensentwicklung, da bei den Reallöhnen nur vertragliche Löhne und Transferleistungen erfaßt sind. Nicht erfaßt werden konnten Einkommen aus Zweitbeschäftigung sowie die weitverbreitete Entlohnung von Beschäftigten in Naturalien.[71] Rußland nimmt mit einem grob geschätzten Anteil der Schattenwirtschaft von 42% des BIP (1995) die Spitzenreiterposition vor Ungarn (29%), Polen (13%) und Tschechien (11%) ein.[72]

3.4.5 Staatshaushalt

Die Lage der öffentlichen Finanzen ist in Rußland infolge stark rückläufiger Einnahmen und ungelöster Probleme im Bereich des fiskalischen Föderalismus prekär. Die Implementation und Durchsetzung einer funktionsfähigen und marktkonformen Finanzverfassung, welche den Erfordernissen eines auf eine funktionsfähige Marktwirtschaft ausgerichteten Transforma-

69 WIIW Forschungsberichte Nr. 248, Juni 1998, S. 28; Vgl. dag. DIW-Wochenbericht, Nr. 18, 1998, S. 294 (1997: +4,3%; 1996: +6,4%; 1995:-28%; 1994: -8,0%)

70 Vgl. Siegmund 1998, S.53

71 Der Vizepremierminister der Regierung Tschernomyrdin, Wladimir Potanin, bezifferte 1996 den Umfang der offiziell registrierten Löhne und Gehälter auf lediglich 25 bis 30%. Vgl. Handelsblatt vom 4.12.1996

72 Institut der deutschen Wirtschaft 1998, S. 4

tionsprozesses gerecht wird, ist bisher noch nicht gelungen. Der Staatshaushalt weist trotz der Ausgabensenkungspolitik der russischen Regierung weiterhin ein Defizit auf. Nachdem der Fehlbetrag im Haushalt 1995 einen Tiefststand erreicht hatte (-3,3% des BIP), wuchs die Lücke in den darauffolgenden Jahren wieder (1996: -4,2%; 1997: -4,0%).[73]

Grafik 3-10: Staatshaushalt (Saldo in % des BIP)

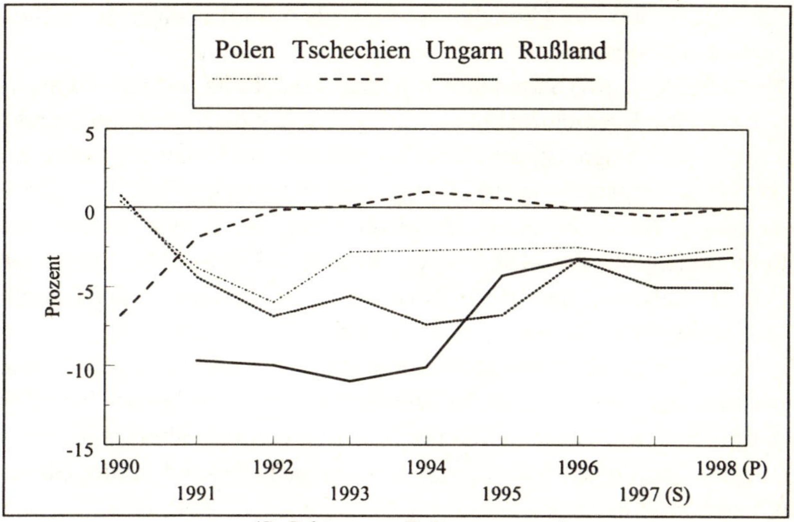

(S=Schätzwert; P=Prognosewert)

Der tatsächliche Finanzbedarf des Staates wird durch die wechselseitige Verschuldung zwischen Unternehmen und Staat sowie Lohnrückständen gegenüber den privaten Haushalten zunehmend verschleiert.

Die Sanierung der öffentlichen Finanzen wird dabei durch einen sich selbst verstärkenden, negativ wirkenden Kumulationsprozeß konterkariert: die Stabilisierungspolitik der Regierung (Hochzinspolitik, Ausgabenbremse) behindert nicht nur die Zahlungsfähigkeit des Unternehmenssektors,

---

73 DIW-Wochenbericht, Nr. 18, 1998, S. 301f. Das russische Finanzministerium und der IWF machen nicht nur unterschiedliche Angaben über die Höhe der Defizite des föderalen Haushaltes, sondern auch über den Trend (1995: IWF: -4,8%; FM: -3,0%; 1996: IWF: -6,3%, FM: -3,3%; 1997: IWF: -9,6%, FM: 3,6%)

sondern auch die private Nachfrage massiv. Die Folge sind weiter sinkende Steuereinnahmen bei gleichzeitig steigender nominaler Steuerlast.

Die Steuerrückstände gegenüber dem konsolidierten Haushalt beliefen sich bis Ende November 1997 auf 8,4% des BIP.[74] Nach Angaben der russischen Steuerbehörde zahlt ein Drittel aller russischen Unternehmen keine Steuern, weitere 50% der Unternehmen entrichten ihre Steuern nur unregelmäßig.[75] Zugleich bestehen umfangreiche Steuerprivilegien. In den ersten drei Quartalen 1997 konnten weniger als 60% der angesetzten Steuereinnahmen realisiert werden.

Die Deckung des hartnäckigen Haushaltsdefizits erfolgt daher (seit 1995) über eine Kreditaufnahme an in- und ausländischen Kapitalmärkten. Die kurzfristige innere Staatsschuld hat sich infolgedessen jährlich verdoppelt und wird gegen Ende des Jahres 1998 voraussichtlich 20% des BIP ausmachen.[76] Auch die Auslandsverschuldung ist in den letzten Jahren kontinuierlich gestiegen (1995: 120,5 Mrd. US-$; 1996: 125 Mrd.; 1997: 131 Mrd.). Aufgrund des hohen Zinsniveaus ist die Grenze der Belastbarkeit des staatlichen Haushalts bereits erreicht.

Die schwierige Budgetsituation gibt Anlaß zu immer neuen Verhandlungen mit dem IWF. Dieser hat die Auszahlung von bereits bewilligten Kredittranchen (die vornehmlich der Stützung des Rubelkurses dienen sollen) wegen der Verschleppung von Reformen, insbesondere der Steuerreform, wiederholt ausgesetzt.

3.4.6 Außenhandel und Zahlungsbilanz

1996 stand eine Exportquote von 9,7% (1995: 19,5%) einer im Vorjahresververgleich um 0,9% gesunkenen Importquote gegenüber (1995: 20,7%), was zu einem Außenhandelsüberschuß von rund 41 Mrd. US-$ geführt hat. Der chronische Überschuß in der Außenhandelsbilanz Rußlands konnte 1997 durch einen Exportrückgang um 2,1% bei gleichzeitigem Importzuwachs von 14,5% auf insgesamt 33 Mrd. US-$ gesenkt werden.

---

74 DIW-Wochenbericht, Nr. 18, 1998, S. 300

75 Vgl. Handelsblatt vom 16.4.1998

76 Vgl. Hishow 1998, S. 169

Die strukturellen Verschiebungen in der russischen Wirtschaft wurden durch den Außenhandel erheblich forciert. Im Exportbereich haben Energieträger, Rohstoffe und Erzeugnisse der Grundstoffindustrie an Gewicht gewonnen, während die Exporte von Fertigwaren überdurchschnittlich gesunken sind. Auf der Importseite stehen wachsende Konsumgüterimporte rückläufigen Maschinen- und Ausrüstungsimporten gegenüber. Die Importneigung wird durch tarifäre und nichttarifäre Handelshemmnisse erheblich gemindert.

Ein weiterer Abbau der Exportüberschüsse ist infolge der sinkenden Weltmarktpreise für Erdöl, dem Hauptausfuhrgut Rußlands, zu erwarten. Andererseits ist damit zu rechnen, daß die Importe durch die angestrebte volle Konvertibilität des Rubels und den aufgrund vermehrter Investitionen ansteigenden Bedarf an Maschinen und Anlagen künftig stärker zulegen.

Grafik 3-11: Leistungsbilanzsaldo (in Mio. US-$)

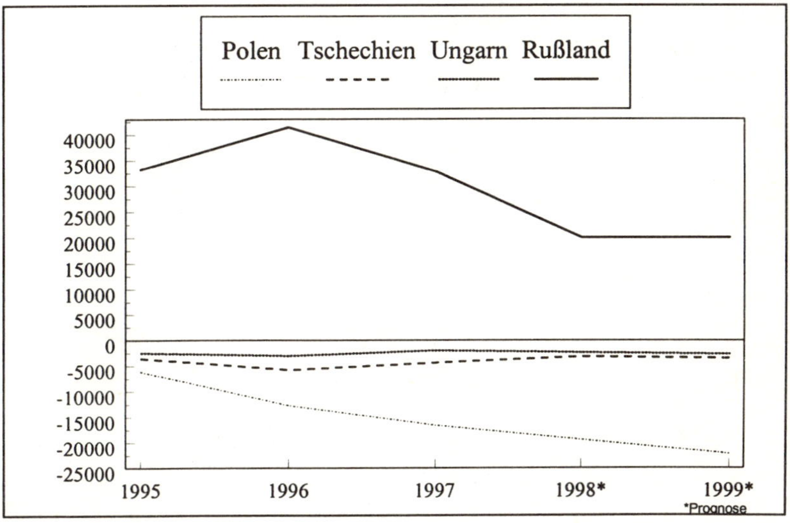

3.4.7 Privatisierung und Strukturwandel

Der Anteil des privaten Sektors an der gesamtwirtschaftlichen Wertschöpfung Rußlands wächst, insbesondere im Bereich Dienstleistungen. Offiziellen Angaben zufolge lag der Anteil der Privatwirtschaft am Bruttosozialprodukt 1996 bei fast 70% (1993: 50%).[77] Allerdings übt der Staat über seine Beteiligungen noch bedeutenden Einfluß auf viele der formal privatisierten Betriebe aus.

Das Hauptgewicht der volkswirtschaftlichen Wertschöpfung liegt im Dienstleistungssektor, der 1996 beinahe die Hälfte des Bruttoinlandsproduktes erwirtschaftete (49,5%). Der Anteil der Industrie an der Bruttowertschöpfung ging im Vergleich zu den anderen Sektoren überproportional zurück, doch lag er 1996 immer noch bei 44,3%. Der Agrarsektor blieb bislang von grundlegenden Strukturreformen weitgehend verschont. Die mangelhaften Reformansätze im Agrarbereich, welche keine klare Festlegung bezüglich des Eigentums an Grund und Boden und des Aufbaus einer Infrastruktur für bäuerliche Familienbetriebe enthalten, bewirken zusammen mit den aus der Zeit der Planwirtschaft übernommenen Problemen einen Rückgang der landwirtschaftlichen Produktion. Ihr Anteil am BIP betrug 1996 gerade 6,2%.[78]

Grafik 3-12: Agrarproduktion (Veränderung in % gegenüber dem Vorjahr)

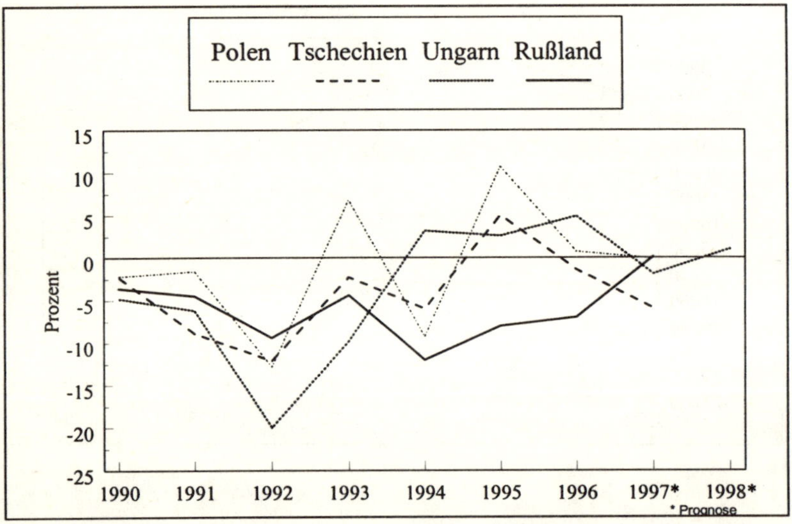

77 Mittel- und Osteuropa-Perspektiven 1997, S. 195

78 Vgl. Mittel- und Osteuropa-Perspektiven 1997, S. 196

Trotz seines immensen agrarischen Produktionspotentials importiert Rußland heute ein Drittel der benötigten Nahrungsmittel aus dem Ausland.[79]

Problematisch bleibt auch der durch regional unterschiedliche bürokratische Hürden erschwerte Warenaustausch innerhalb Rußlands. Das Ausbleiben dringend erforderlicher Investitionen in den Sektoren Kommunikation und Transport sowie in die Infrastruktur erweist sich zunehmend als Bremse bei der Modernisierung des Binnenhandels.

Infolge der inzwischen abgeschlossenen Privatisierung im Handel, in der Gastronomie und im Dienstleistungssektor hat sich eine Vielzahl von Klein- und mittelständischen Unternehmen entwickelt, die schätzungsweise 12% des BSP erwirtschaften.[80] Die regionale Verteilung der Kleinbetriebe spiegelt die Unausgewogenheit der Wirtschaftsstruktur zwischen den Großstädten Moskau und Sankt Petersburg und den fünf großen Wirtschaftsregionen (Nord-Region, Wolga-Wjatka, Schwarzerde-Region, Ferner Osten, Ostsibirien) wider. So hat die Zentralregion einen Anteil von 30% an Kleinbetrieben, während allein die Stadt Moskau einen Anteil von 20% aufweist.[81]

Der Prozeß der Privatisierung ehemaliger Staatsbetriebe kommt nur schleppend voran. Ende 1994 war noch knapp die Hälfte des gesamten Anlagevermögens im Staatsbesitz. Die im Sommer 1994 beendete Voucherprivatisierung und die seither vorherrschende Verkaufsprivatisierung haben bislang kaum nachhaltige Impulse für die Beschleunigung der großen Privatisierung gebracht. So lagen die Erlöse aus dem Verkauf von Staatsbetrieben 1996 mit 1,7 Bill. Rubeln bei nur 14% der geplanten Summe.[82] Das staatliche Eigentum dominiert weiterhin in den „strategischen" Sektoren der Volkswirtschaft.

1997 wurden einige größere Privatisierungsprojekte durchgeführt, die auch ausländische Investoren beteiligten. Dabei handelte es sich überwiegend um eine Kombination aus Belegschafts- und Verkaufsprivatisierung. Die Privatisierungserlöse beliefen sich insgesamt auf 23,6 Bill. Rubel, was einem Anteil von 3,5% der Gesamteinnahmen des Staatshaushaltes ent-

---

79 Vgl. Institut der deutschen Wirtschaft, Juli 1998, S. 2

80 Russische Statistik 1994, vgl. Handelsblatt vom 10.4.1996

81 Bundesministerium für Wirtschaft 1997, S.30

82 Ebd.

spricht.[83] Damit konnten die Privatisierungserlöse erstmals einen deutlichen Beitrag zur Finanzierung der öffentlichen Haushalte leisten. Für das Jahr 1998 hat die russische Regierung der Duma verschiedene Großunternehmen, u.a. aus der Energiewirtschaft (z.B. Rosneft), für Teilprivatisierungen vorgeschlagen.

Der weitere Erfolg des Reformkurses der russischen Regierung wird davon abhängen, ob es ihr gelingt, die Akzeptanz der Bevölkerung für diesen Prozeß zu gewinnen. Abnehmende Leistungen im Gesundheitswesen, mangelhafter Schutz durch die sozialen Sicherungssysteme bei steigenden Arbeitslosenzahlen und die zunehmende Verarmung breiter Schichten der Bevölkerung haben zusammen mit einer Verschärfung der Einkommensungleichheit in den letzten Jahren zu einer sinkenden Akzeptanz des Reformprozesses und zu wachsenden sozialen Spannungen geführt.

---

83 DIW-Wochenbericht, Nr.18, 1998, S. 307

4 Wirtschaftsklima

Nicht nur die Wahrnehmung der objektiven wirtschaftlichen Entwicklung, wie sie im vorigen Kapitel anhand der makroökonomischen Kennziffern dargestellt wurde, sondern auch Ausgangslage, Erwartungshorizont und landesspezifische Mentalität fließen in die subjektive Stimmung, das wirtschaftliche Klima in der Bevölkerung, mit ein. 1998 registrieren wir eine deutliche Verbesserung des Wirtschaftsklimas in Ungarn, eine leichte Verschlechterung in Polen und unverändert düstere Bewertungen in Tschechien und Rußland.

4.1 Bewertung der allgemeinen Wirtschaftslage

Unverändert schlecht wird die allgemeine Wirtschaftslage in *Tschechien* und *Rußland* eingeschätzt (vgl. Abb. 4-1): während in der russischen Bevölkerung jeder zweite eine Verschlechterung der Wirtschaftslage im Vergleich zum Vorjahr beklagt, sind es in Tschechien sogar zwei Drittel der Bevölkerung. Im Vergleich zu den Ergebnissen des TBO 1997 haben sich damit die Bewertungen in Tschechien und Rußland kaum verändert. Nur ein knappes Viertel der tschechischen Befragten und 38% der russischen Bevölkerung bewerten die Wirtschaftslage im Vorjahresvergleich als etwa gleich, und nur knapp jeder zehnte in beiden Ländern stellt eine Verbesserung fest. Am ehesten bekunden noch die jüngeren, besser ausgebildeten und mit höherem Einkommen ausgestatteten Personen in Tschechien und Rußland eine Verbesserung der allgemeinen wirtschaftlichen Lage: so äußern sich etwa ein Fünftel der tschechischen Akademiker bzw. 17% der russischen Befragten bis zum 30. Lebensjahr zufrieden mit der wirtschaftlichen Entwicklung. Ein Verschlechterung spüren vor allem die Personen ab dem 60. Lebensjahr - solche mit dem geringsten Einkommen oder der niedrigsten Schulbildung.

Abbildung 4-1: „Ist die wirtschaftliche Lage Ihres Landes heute besser, gleich oder schlechter als vor einem Jahr?"

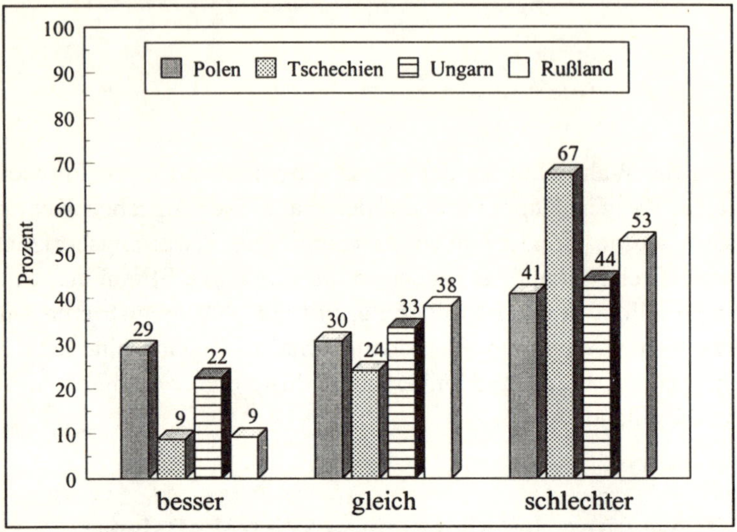

In *Ungarn* wirken sich die Erfolge der Reformpolitik der ehemaligen Regierung Horn auf die Stimmungslage aus: zwar beklagt weiterhin die Mehrheit von 44% der Bevölkerung eine Verschlechterung der allgemeinen Wirtschaftslage, doch sind dies deutlich weniger als im vorigen Jahr: 1997 betrug dieser Anteil noch 67%. Für ein Drittel der Bevölkerung hat sich an der allgemeinen Wirtschaftslage nichts Wesentliches verändert, aber mit 22% stellen nun doppelt soviele wie noch 1997 eine Verbesserung der Wirtschaftslage fest - es lassen sich also erste Anzeichen eines positiven Stimmungswandels in Ungarn erkennen, die am deutlichsten bei denjenigen mit Hochschulbildung und/oder mit hohem Einkommen sichtbar werden.

Obwohl sich in *Polen* mit 41% etwa 10% mehr als 1997 über eine Verschlechterung der Wirtschaftslage beklagen, ist der Anteil derer, die eine Verbesserung feststellen, mit 29% in etwa konstant geblieben. Nur noch 30% (1997: 42%) sind der Meinung, die Wirtschaftslage habe sich im Verlauf eines Jahres kaum verändert.

Abbildung 4-2: Bewertung der Wirtschaftslage im Zeitvergleich

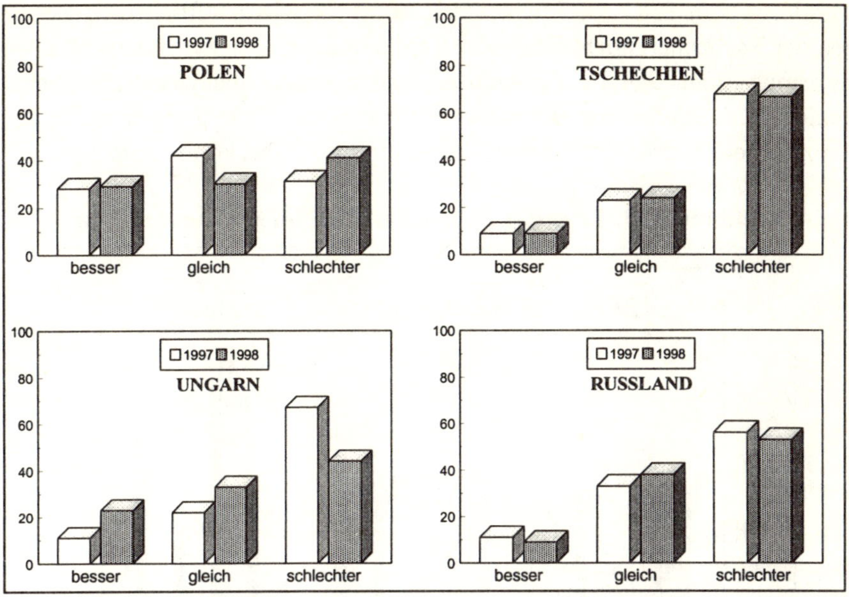

Im Vergleich zum TBO 1997 wird die Beurteilung der Wirtschaftslage in diesem Jahr viel stärker von Alter, Einkommen und Bildungsstand beeinflußt. So konstatierten 1997 21% der Jüngeren (unter 30) eine Verschlechterung, dagegen 1998 etwa 26%; in der Gruppe derjenigen ab dem 60. Lebensjahr dagegen wurde eine Verschlechterung der Wirtschaftslage von 52% festgestellt - gegenüber nur 34% im Jahre 1997. Die Differenz zwischen denen mit niedrigstem und höchstem Einkommen betrug 1997 etwa zehn Prozent, während sie heute mit 22% auf mehr als das Doppelte angestiegen ist. Die zunehmende gesellschaftliche Differenzierung als Folge des Transformationsprozesses führt zu einer deutlicheren Herausbildung von Bewertungs- und Interessenunterschieden - was für westeuropäische Gesellschaften mittlerweile eine 'normale' Erscheinung darstellt, eine neue aber für die Reformstaaten Mittelosteuropas.

Die Erwartungen für die wirtschaftliche Entwicklung im Laufe des kommenden Jahres entsprechen in hohem Maße der Bewertung der derzeitigen Wirtschaftslage. Die schlimmsten Befürchtungen registrieren wir in *Tschechien*, wo jeder zweite (51%) mit einer Verschlechterung der Wirtschaftslage rechnet. Ein Drittel der tschechischen Bevölkerung erwartet nur wenig Veränderung, und lediglich 16% hoffen auf eine Verbesserung. Im Vergleich zum TBO 1997 haben sich damit die wirtschaftlichen Erwartungen der Tschechen nochmals leicht verschlechtert. Der wirtschaftliche Pessimismus zieht sich in Tschechien nahezu durch alle gesellschaftlichen Schichten. Lediglich die Befragten mit Hochschulbildung erwarten immerhin zu einem Viertel (26%) eine Verbesserung für das kommende Jahr.

Abbildung 4-3: Erwartete Wirtschaftslage im kommenden Jahr

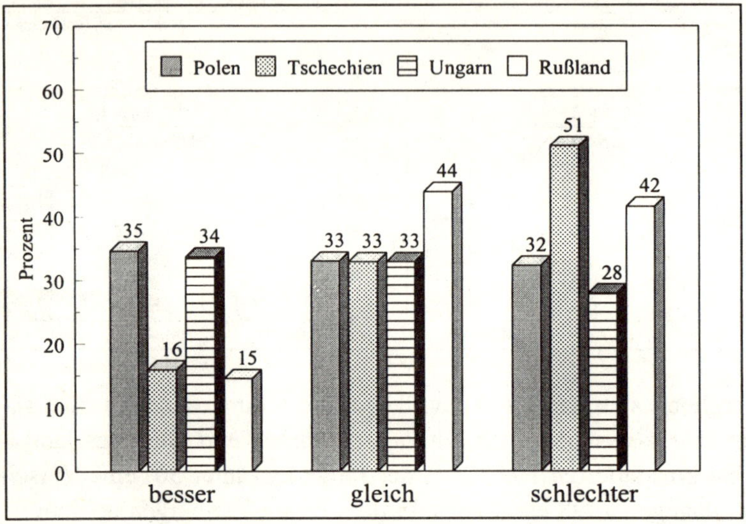

Auch in *Rußland* sind die Erwartungen nur wenig besser: zwar rechnet eine dünne Mehrheit von 44% mit gleichbleibenden Verhältnissen, aber kaum weniger, nämlich 42%, rechnen mit einer weiteren Verschlechterung. Nur 15% hoffen darauf, daß es im nächsten Jahr besser sein wird. Auch in Rußland hat sich die Beurteilung der Wirtschaftslage im Vergleich zu den Ergebnissen des TBO 1997 kaum geändert. Die größten Hoffnungen auf eine Verbesserung hegen vor allem junge, gut ausgebildete sowie finanziell besser gestellte Personen.

In *Polen* sind die Zukunftserwartungen ähnlich verteilt wie die Beurteilung der gegenwärtigen Wirtschaftslage: wie bereits 1997 hofft ein gutes Drittel (35%) auf eine Verbesserung der Wirtschaftslage - der Anteil der Optimisten ist also konstant geblieben. Dagegen ist der Anteil derer, die mit gleichbleibenden Verhältnissen rechnen, im gleichen Zeitraum um zehn Prozent auf ein Drittel der Bevölkerung (33%) gesunken, während der Anteil der Pessimisten um zehn Prozent auf etwa ein Drittel (32%) angestiegen ist. Dies zeigt, daß etwa ein knappes Drittel der polnischen Bevölkerung relativ konstant und sicher von einer positiven allgemeinen Wirtschaftslage und -entwicklung ausgeht, während die Mehrheit aus etwa zwei Dritteln der Bevölkerung die Wirtschaftslage noch eher schwankend und unsicher bewertet. Das Drittel, das die Wirtschaftslage optimistisch bewertet, setzt sich zudem nahezu vollständig aus solchen Personen zusammen, die ihren eigenen finanziellen Status im Vergleich zum Vorjahr halten oder sogar verbessern konnten (vgl. weiter unten). Auch hier macht sich also die zunehmende soziale Differenzierung bemerkbar; vom weiteren Verlauf des Reformprozesses hängt es ab, ob sich in Polen eine 'Zwei-Drittel-Gesellschaft' entwickelt, in der der Wohlstand lediglich dem oberen Drittel vorbehalten bleibt oder ob auch eine Bevölkerungsmehrheit zunehmend von den Erfolgen des Transformationsprozesses profitieren kann.

Im Unterschied zu den übrigen untersuchten Ländern macht sich in *Ungarn* ein verhaltener Wirtschaftsoptimismus breit: zwar erwartet die Mehrheit von 38% keine nennenswerte Veränderung, aber ein gutes Drittel (34%) rechnet für die Zukunft mit einer besseren wirtschaftlichen Lage; nur noch 28% befürchten für das kommende Jahr eine Verschlechterung. Die Ergebnisse des TBO 1997 zeichneten dagegen noch ein völlig anderes Bild, nach dem jeder zweite eine Verschlechterung und nur 22% eine Verbesserung erwarteten. Träger des Optimismus sind wiederum vor allem die Befragten mit hoher Schulbildung und hohem Einkommen. Aber auch unter den Einkommensschwachen und den Gruppen mit Grundschul- oder Berufsschulabschluß dominiert die Bewertung gleichbleibender Verhältnisse vor einer Verschlechterung. Dies resultiert wohl nicht zuletzt aus der Tatsache, daß ausländische Investoren (etwa in der Automobilbranche) in Ungarn eine Vielzahl hochqualifizierter Facharbeiter beschäftigen und so entscheidend zur wirtschaftlichen Entwicklung Ungarns beitragen.

Wirtschaftslage und vermutete Entwicklung werden vor allem in Polen und Rußland, weniger deutlich auch in Tschechien, in städtischen Gebieten erwartungsgemäß positiver als im ländlichen Raum bewertet; am besten werden sie von Bewohnern der Hauptstädte beurteilt. In Ungarn dagegen schneidet die Wirtschaftslage im Vergleich zum Vorjahr am besten auf dem Land ab, während die wirtschaftliche Erwartung in den Städten am höchsten ist. Die Budapester sind dagegen mit der Wirtschaftslage und den

Aussichten am wenigsten zufrieden. Die Hintergründe für diese ungewöhnliche Verteilung könnten in der positiven Lage der ungarischen Landwirtschaft sowie in der Entwicklung der Hauptstadt, die größere Modernisierungsprobleme aufweist als die im Zuge der Direktinvestitionen begünstigten übrigen ungarischen Städte, zu finden sein.

4.2 Bewertung der finanziellen Lage des Haushaltes

Im Vergleich zu 1997 hat sich in Polen und in Rußland die Lage der privaten Haushalte nicht verbessern können: in jedem zweiten Haushalt übersteigen die Lebenshaltungskosten die verfügbaren Einkommen. Es sind vor allem ältere Menschen, Befragte mit geringem Bildungsstand, niedrigem Haushaltseinkommen und aus ländlichen Regionen stammend von finanziellen Engpässen bedroht. Lediglich ein gutes Drittel der Befragten in Polen und 40% der Russen kommen nach eigenen Angaben mit ihrem Einkommen gerade so aus.

Abbildung 4-4: Derzeitige finanzielle Haushaltslage

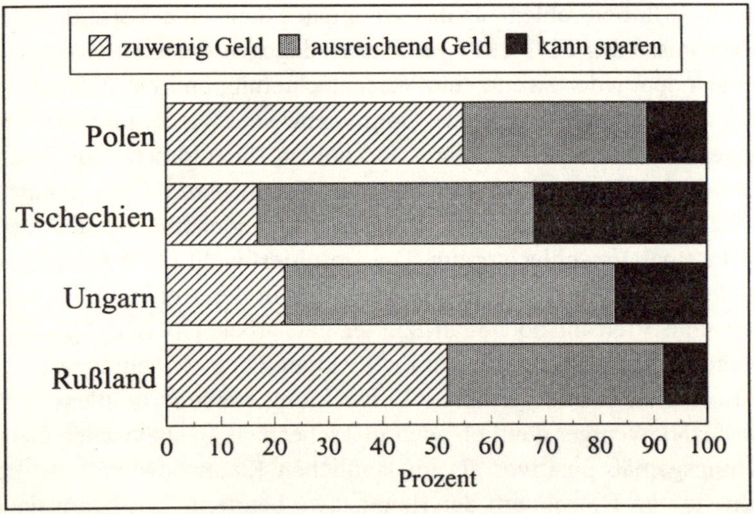

Zwar steigen in Polen die Reallöhne seit 1994 wieder an, doch haben erst Ende 1996 die verfügbaren Einkommen wieder das Niveau von 1987 (!)

erreicht. Obwohl die Älteren am stärksten unter finanziellen Problemen leiden, beklagen auch in der Altergruppe bis zum 29. Lebensjahr immerhin 45%, daß sie mit ihrem Einkommen nicht auskommen.

In Rußland sind in jüngster Zeit die Realeinkommen ebenfalls gestiegen, allerdings lediglich um wenige Prozentpunkte, nachdem sie 1995 noch um 26% gefallen waren. Außerdem haben höhere Einkommen nur dann Wert, wenn sie auch zur Auszahlung gelangen - jedem sind die Bilder von streikenden Bergleuten noch gut in Erinnerung, die in unregelmäßigen Abständen auf die seit Monaten ausstehenden Gehaltszahlungen hinweisen. Dabei ist das Phänomen der verschobenen Entlohnung in Rußland beileibe nicht auf Bergleute beschränkt. Allerdings ist die Einkommensentwicklung in Rußland unübersichtlich, da Einkommen aus Zweit-, Dritt- oder Viertbeschäftigung, die in Rußland keine Seltenheit, sondern oft eine Lebensnotwendigkeit darstellen, genauso wenig erfaßt werden wie eine Entlohnung in Naturalien; auch die Selbstversorgung aus dem eigenen Garten zusammen mit nachbarschaftlichen Tauschgeschäften spielt nach wie vor eine große Rolle. Die Schattenwirtschaft nimmt in Rußland mit einem Anteil von 42% am BIP eine Spitzenreiterposition unter den TBO-Staaten ein.

Nach drastisch sinkenden Realeinkommen sind inzwischen auch in *Ungarn* wieder leicht steigende Reallöhne zu verzeichnen. Die Sparmaßnahmen der Regierung in den letzten Jahren brachten die Bürger zwar in arge finanzielle Bedrängnis, doch macht sich mittlerweile eine leichte Verbesserung der finanziellen Lage der privaten Haushalte bemerkbar. Die finanzielle Ausstattung der Haushalte stellt sich in Ungarn weit besser dar als in Polen oder Rußland. Eine deutliche Mehrheit von 61% kommt mit ihrem Einkommen gerade so aus, und nur noch jeder fünfte (22%) befindet sich in einer finanziellen Notlage; 1997 klagten noch 29% über zu geringe finanzielle Mittel.

Am besten ist die finanzielle Lage der privaten Haushalte immer noch in *Tschechien*, wo jeder zweite (51%) mit seinen finanziellen Mitteln auskommt und sogar ein Drittel (32%) der Bevölkerung Rücklagen bilden kann; sparen können vor allem die Jüngeren unter 30 und hochqualifizierte Erwerbspersonen. Die Situation ist im Vergleich zum Vorjahr stabil geblieben; nur 17% kommen mit ihren Mitteln nicht aus. Im Unterschied zu den übrigen Reformstaaten kann Tschechien allerdings auch hohe Reallohnsteigerungen im privatwirtschaftlichen (17%) und im öffentlichen Sektor (21%; Zahlen von 1996) verzeichnen.

Hinsichtlich der subjektiven Bewertung der finanziellen Lage im Vergleich zum Vorjahr (vgl. Abb. 4-5) zeigen sich die deutlichsten Veränderungen in *Ungarn*: noch 1997 bekundete die große Mehrheit der Bevölkerung (55%), es ginge ihr schlechter als im Vorjahr; ein knappes Drittel (32%) konnte keine große Veränderung feststellen. 1998 scheint sich diese Entwicklung allmählich umzukehren: die Mehrheit der Bevölkerung kann keine Verschlechterung ihrer finanzielle Verhältnisse mehr feststellen und der Anteil derer, die eine Verschlechterung beklagen, ist um 14% gesunken. Deutlich verbessert hat sich die finanzielle Haushaltslage der Hochschulabsolventen, von denen es 29% (Bevölkerungsdurchschnitt: 15%) nach eigenen Angaben heute besser geht.

Abbildung 4-5: Finanzielle Haushaltslage im Vergleich zum Vorjahr

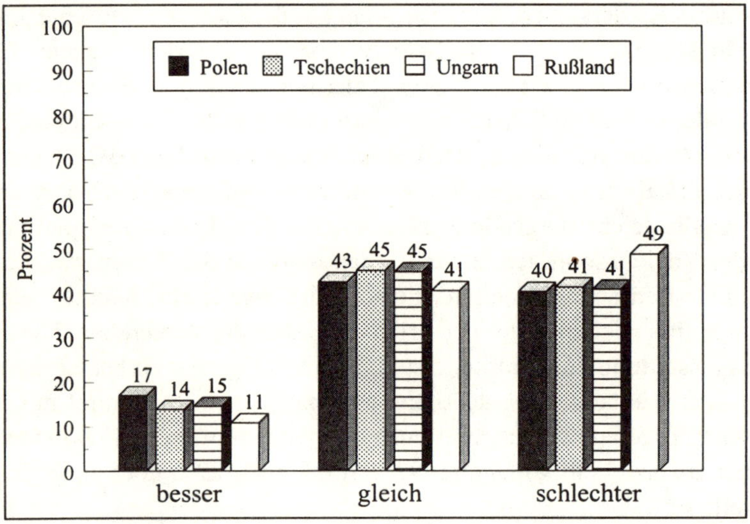

Leichte Verschlechterungen im Zeitvergleich zeigen sich in *Tschechien*, wo der Anteil derjenigen, die ihre finanzielle Lage zum Erhebungszeitpunkt im Vorjahresvergleich als schlechter, mit 41% um 5% gestiegen ist. 45% jedoch nehmen ihre Haushaltslage als unverändert im Vergleich zum Vorjahr wahr. Verschlechterungen spüren vor allem die Altersgruppe zwischen dem 45. und dem 59. Lebensjahr (zu 50%), also vor allem die älteren Erwerbspersonen, sowie Befragte mit geringem Haushaltseinkommen (52%).

In Polen und Rußland ist die retrospektive Bewertung der finanziellen Haushaltsentwicklung im wesentlichen gleich geblieben: wie 1997 beklagt in *Rußland* jeder zweite eine Verschlechterung der privaten Haushaltslage und für 41% ist es weder besser noch schlechter als im Vorjahr. Personen mit niedrigem Einkommen bekunden ebenso wie ältere Menschen am ehesten eine Verschlechterung der Finanzlage. In *Polen* sind etwas mehr Personen der Meinung, es habe sich nichts verändert (1997: 44%) als solche, die angeben, es habe sich zum Schlechteren verändert (1997: 37%). Wie in Rußland zeigt sich in Polen auch ein deutlicher Einfluß des Alters: Personen unter 30 Jahren registrieren mit 32% fast doppelt so häufig eine Verbesserung wie der 'Durchschnittsrusse' mit 17%; dagegen sinkt dieser Anteil bei denjenigen ab dem 60. Lebensjahr auf 6%.

4.3 Bewertung der Preisentwicklung

Tschechiens Hoffnungen auf eine weitere Senkung der Inflationsrate konnten trotz restriktiver Maßnahmen seitens der Regierung und der Zentralbank nicht erfüllt werden: die prognostizierte Rate von 8% für 1998 mußte auf 11% revidiert werden. Dementsprechend äußern die Tschechen im Ländervergleich relativ starke Befürchtungen vor erhöhten Preissteigerungen: ein gutes Viertel der Bevölkerung rechnet für das kommende Jahr mit einer stärkeren Verteuerung als bisher, während die Mehrheit von 60% von gleichhohen Preissteigerungsraten ausgeht. 86% rechnen mit einer weiteren Steigerung der Preise; rund ein Viertel der Bevölkerung erwartet höhere Inflationsraten als bisher.

In *Polen* ist die Inflationsrate seit Beginn des Transformationsprozesses stetig zurückgegangen; dennoch liegt sie immer noch höher als in Tschechien. Die in jüngster Zeit beschlossenen Anhebungen der Energie- und Mietpreise haben die Sorgen in der Bevölkerung vor weiteren Preissteigerungen verstärkt. Heute sind daher mehr Personen denn je (22%) davon überzeugt, daß die Preise im Laufe des kommenden Jahres stärker als bisher ansteigen; 1997 meinten dies nur 17%. Jeder zweite (1997: 53%) rechnet mit einem gleichbleibenden Preisanstieg. Am günstigsten sind die Erwartungen in der Hauptstadt, während Befragte aus anderen Städten und aus ländlichen Gebieten höhere Inflationsbefürchtungen hegen.

Trotz der relativ hohen Inflation (höher als in Polen oder Tschechien), sinkenden Reallöhnen und kommunalen Preissteigerungen (Energie und öffentlicher Verkehr) sind die Inflationserwartungen in *Ungarn* kaum gewachsen, sondern z.T. sogar zurückgegangen: befürchteten 1997 noch 20% einen stärkeren Preisanstieg, so gehen davon heute nur noch 16% der Bevölkerung aus. Auch hinsichtlich der erwarteten Preissteigerung finden sich die pessimistischen Einstellungen vor allem in Budapest. Im wesentlichen hat sich die Erwartung der ungarischen Bevölkerung hinsichtlich der Preissteigerung aber nicht geändert.

Abbildung 4-6: Erwartete Preisentwicklung im Laufe des Jahres

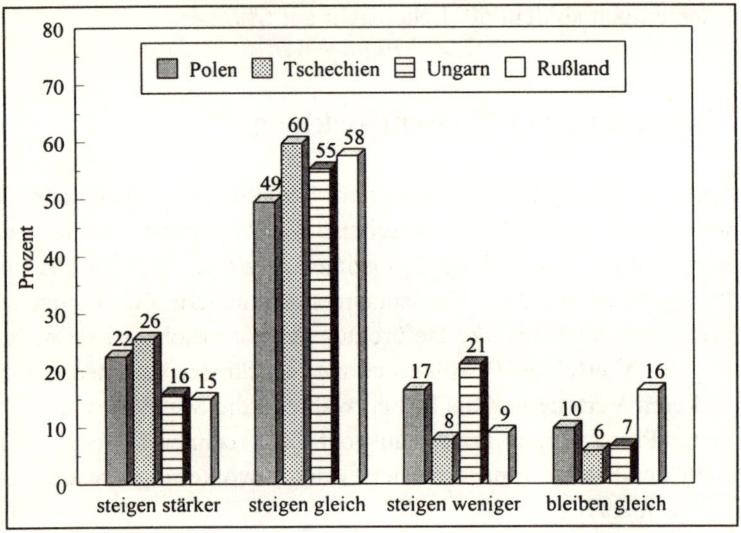

Auch in Rußland erwarten acht von zehn Personen steigende Inflationsraten. Wie im vorigen Jahr nehmen 58% gleichbleibende Preissteigerungsraten an, aber nur noch 15% (5% weniger als 1997) rechnen heute mit einem stärkeren Anstieg. Zwar kam es jüngst zu einer Anhebung administrativ gesetzter Preise, aber angesichts einer Inflationsrate von knapp 200% im Jahr 1995 können die derzeitigen Werte im Bereich von etwa 10% niemanden erschrecken.

4.4 Finanzieller Erwartungshorizont

In allen untersuchten Ländern sind die Erwartungen hinsichtlich der finanziellen Lage des eigenen Haushalts eher bescheiden: in jedem Land geht die Mehrheit der Bevölkerung trotz hoher Inflationserwartungen von einer gleichbleibenden Finanzlage ihrer Haushalte aus. In Rußland und Polen meint dies fast jeder zweite[84], in Ungarn und Tschechien immerhin noch jeweils 46% (vgl. Abb. 4-7).

Allerdings zeigen sich tendenzielle Unterschiede in den Anteilen derer, die sich eine Verbesserung ihrer finanziellen Haushaltslage erhoffen oder eine Verschlechterung befürchten.

Abbildung 4-7: Erwartete Finanzlage im kommenden Jahr

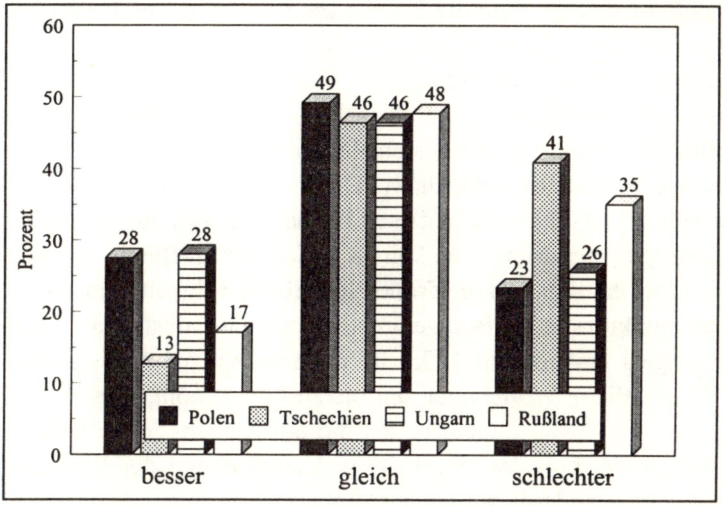

28% der *Ungarn* sehen optimistisch in die Zukunft und erwarten für das kommende Jahr eine bessere finanzielle Situation für ihren Haushalt; ihnen stehen 26% gegenüber, die eine Verschlechterung befürchten; in Budapest

84 Die Prozentangaben beziehen sich auf Befragte, die einen Schätzwert abgegeben haben; in Rußland konnten jedoch 39% ihre Zukunftsaussichten nicht einschätzen. Die stets relativ hohe Quote von 'Weiß-nicht-Angaben in Rußland, vor allem was Erwartungen für die Zukunft betrifft, ist in den letzten Jahren allerdings rückläufig.

selbst steigt dieser Anteil sogar auf 32%. Optimismus herrscht vor bis zum 44. Lebensjahr, in den Gruppen mit hohem Einkommen und vor allem bei Akademikern, die zu 42% eine Verbesserung ihrer privaten Finanzen erwarten. Dagegen zeigten sich die Ungarn 1997 noch überwiegend pessimistisch, als nur 20% von einer Verbesserung, aber doppelt soviele von einer Verschlechterung im kommenden Jahr ausgingen. Während also 1997 noch eine überwiegend pessimistische Stimmung herrschte, hat sich die Lage der privaten Haushalte in Ungarn mittlerweile zumindest stabilisiert, die Stimmungslage ist eher ausgeglichen, und der Trend zeigt nach oben.

Auch in *Polen* ist der Anteil derjenigen, die eine Verbesserung ihrer eigenen Finanzlage erhoffen, mit 28% höher als der Anteil derer, die eine Verschlechterung befürchten. Im Unterschied zum ungarischen Aufwärtstrend sind diese mittelfristigen Zukunftsaussichten in Polen aber in etwa stabil geblieben, wenn man die Ergebnisse mit denen des Jahres 1997 vergleicht.

Dagegen sind die Erwartungen in *Tschechien* und *Rußland* eher bescheiden: 35% der Russen (vor allem aus ländlichen Regionen) und 41% der Tschechen befürchten, daß sich ihre finanzielle Lage im kommenden Jahr noch zusätzlich verschlechtert. Die subjektive Bewertung der allgemeinen Wirtschaftslage, die in diesen beiden Ländern ebenfalls eher negativ ausfällt, gibt den Menschen keinen Anlaß zur Hoffnung auf Besserung der persönlichen Finanzlage; drohende Arbeitslosigkeit und der ausbleibende konjunkturelle Aufschwung stimmen eher düster; in Tschechien wurden zudem erst im Juli 1998 die noch immer subventionierten Mietpreise für staatliche Wohnungen um bis zu 40% erhöht, Gas- und Wasserpreise um bis zu 30%. Zudem lassen die politischen Verhältnisse die Stabilität vermissen, von der eine baldige Verbesserung der Wirtschaftslage und des Lebensstandards ausgehen könnte.

In allen Ländern zeigt sich hinsichtlich der Zukunftserwartungen ein einheitliches Bild: je jünger und je höher der Grad der formalen Bildung, umso stärker ist die Hoffnung auf eine Verbesserung der finanziellen Situation der privaten Haushalte.

4.5 Einschätzung der Arbeitsmarktlage

Trotz der relativ geringen Arbeitslosenquote erwarten die *Tschechen* eine deutliche Verschlechterung der Arbeitsmarktlage für die nähere Zukunft: jeder zweite (49%) rechnet damit, daß die Zahl der Arbeitslosen im kommenden Jahr steigen wird; 31% erwarten sogar „wesentlich mehr" Arbeitslose - damit gehen insgesamt 80% von steigender Arbeitslosigkeit im eigenen Land aus. Bereits im Vorjahr hatten gut zwei Drittel (68%) eine derartige Entwicklung erwartet; der Anteil hat in diesem Jahr noch einmal deutlich zugelegt. Die durchaus realistische Einschätzung der tschechischen Bevölkerung ist sicherlich auch auf die in der nächsten Zeit notwendigen Umstrukturierungen in der Industrie sowie auf die Konsequenzen der verzögerten Privatisierung zurückzuführen. Der Reformstau der vergangenen Jahre hat diese Entwicklung zwar verzögert, aber die bislang verdeckte Arbeitslosigkeit wird in Zukunft offen zutage treten, was der Bevölkerung offensichtlich durchaus bewußt ist.

Abbildung 4-8: Erwartete Entwicklung der Arbeitslosigkeit im Laufe des Jahres

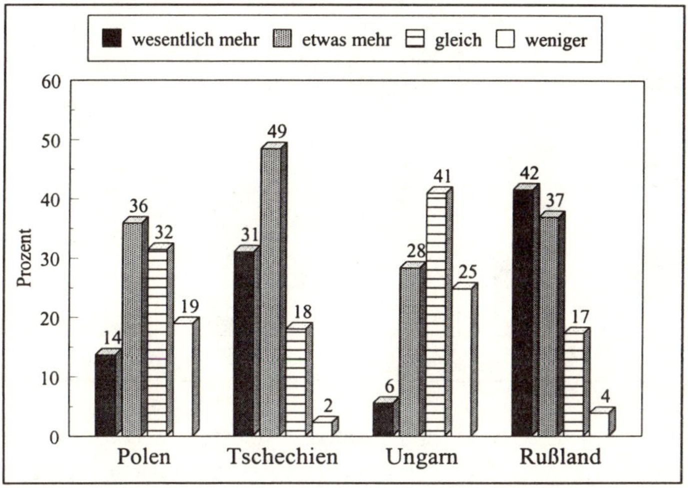

Auch in *Rußland* erwarten 79% einen Anstieg der Arbeitslosigkeit, und hier rechnen sogar 42% mit „wesentlich mehr" Arbeitslosen für das kommende Jahr; im Vergleich zu den Ergebnissen des Jahres 1997 hat sich in der Einschätzung der Bevölkerung nur wenig verändert. Da ein Ausgleich zwischen Produktivität und Arbeitskräftebesatz auf lange Sicht nicht stattfinden wird, ist auch für die nähere Zukunft mit einem weiteren Anstieg der Arbeitslosigkeit zu rechnen.

Mehr Arbeitslose im kommenden Jahr erwartet auch jeder zweite in *Polen.* Im Vorjahr war lediglich ein gutes Drittel dieser Meinung. 36% erwarten „etwas mehr“ und 14% „wesentlich mehr“ Arbeitslose im Laufe des kommenden Jahres. Zwar spricht die derzeitige Entwicklung auf dem Arbeitsmarkt zunächst einmal gegen diesen Trend (von knapp 15% 1995 sank die Quote 1997 auf 10%), aber der anstehende Agrarstrukturwandel im Hinblick auf die EU-Integration ‘bindet’ derzeit noch eine nicht unbedeutende Anzahl von Arbeitskräften, die in den nächsten Jahren vermutlich ihren Arbeitsplatz verlieren werden.

Abbildung 4-9: Befragte, die steigende Arbeitslosenzahlen erwarten, im Zeitvergleich

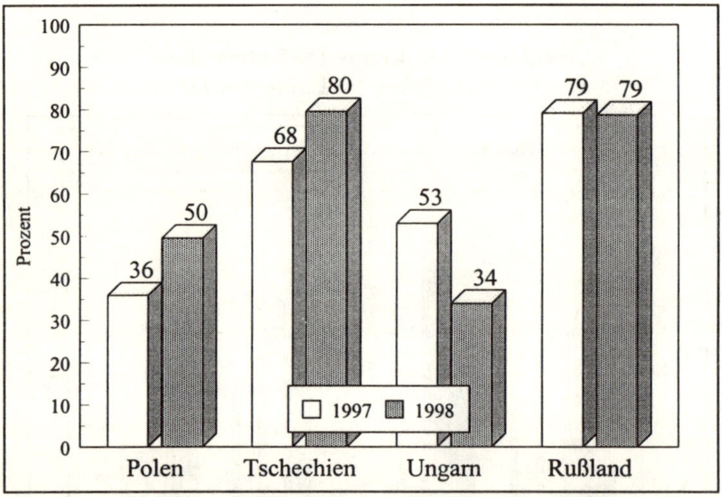

Eine Umkehrung des polnischen Trends zeigt sich in *Ungarn*: ging 1997 noch gut jeder zweite (53%) von steigenden Arbeitslosenzahlen aus, so erwartet dies heute nur noch jeder dritte (34%). Und lediglich 6% erwarten „wesentlich mehr“ Arbeitslose im kommenden Jahr. Am geringsten ist die Sorge vor einem Anstieg der Arbeitslosigkeit unter der Bevölkerung ländlicher Gebiete. Insgesamt erwartet die Mehrheit von 41% eine Stagnation auf dem Arbeitsmarkt. Dabei bewegt sich die Arbeitslosenquote in Ungarn in etwa auf 'polnischem' Niveau, also an der Zehnprozentmarke. Vermutlich wirken sich hier die Aktivitäten der zahlreichen ausländischen Investoren aus, die in Ungarn von Supermärkten bis zur Automobilproduktion zahlreiche neue Arbeitsplätze schaffen konnten. Allerdings mehren sich auch schon Stimmen, die das Konzept der verlängerten Werkbank als Ausnutzung billiger ungarischer Arbeitskräfte kritisieren.

4.6 Bedrohung durch Arbeitslosigkeit

Gut jeden zweiten in Rußland plagen konkrete Sorgen um den eigenen Arbeitsplatz: 56% halten es für wahrscheinlich, im Laufe der nächsten zwei Jahre ihren Arbeitsplatz zu verlieren.

Abbildung 4-10: 'Rechnen Sie im Zeitraum der nächsten zwei Jahre mit einem Verlust des Arbeitsplatzes?'

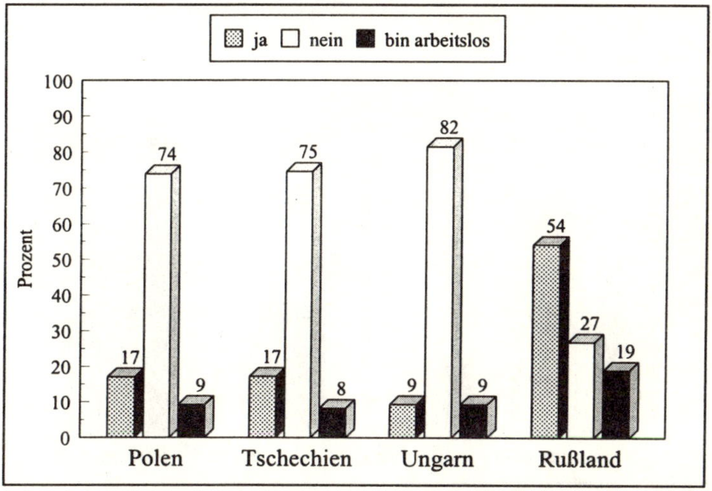

Besonders ausgeprägt sind diese Sorgen erwartungsgemäß bei Frauen, Befragten mit Grundschul- oder Berufsschulbildung oder geringem Einkommen und am stärksten bei denjenigen ab dem 60. Lebensjahr. Aber selbst unter den typischen 'Gewinnern' des Transformationsprozesses - Gruppen mit hohem Einkommen, akademischer Bildung, jüngere Jahrgänge bis zum

29. Lebensjahr oder Einwohner Moskaus - sind sich nur wenige ihres Arbeitsplatzes relativ sicher. Die Angst vor Arbeitslosigkeit zieht sich also durch nahezu sämtliche gesellschaftliche Schichten. Im Vergleich zum Vorjahr ist diese Angst nur unwesentlich zurückgegangen; sie korrespondiert auch eindeutig mit der subjektiven Bewertung der allgemeinen Entwicklung des Arbeitsmarktes und vermutlich in vielen Fällen mit den Erfahrungen der jüngsten Zeit.

In den Visegrádstaaten ist diese Sorge erheblich geringer: in *Polen* und *Tschechien* sind sich drei Viertel der Bevölkerung ihres Arbeitsplatzes mehr oder weniger sicher, in *Ungarn* sogar 82%. Dennoch liegt der Anteil derer, die im Verlauf der nächsten beiden Jahre mit Arbeitslosigkeit rechnen, in allen Ländern (mit Ausnahme von Ungarn) deutlich über der offiziellen Arbeitslosenquote und auch über der Arbeitslosenquote, wie sie im Rahmen des TBO 1998 erhoben wurde.

Abbildung 4-11: Arbeitslosigkeit nach Alter

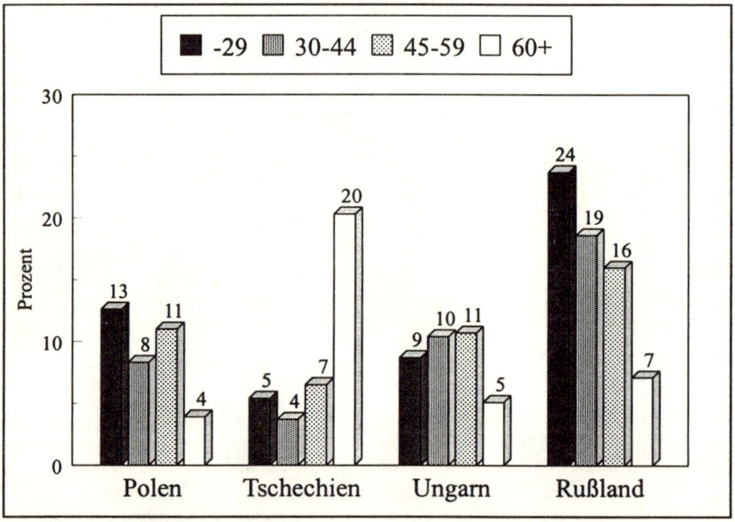

Besorgniserregend ist, daß die Furcht vor Arbeitslosigkeit in einigen Staaten vor allem unter den jungen Menschen besonders hoch ist. So äußern z.B. in Polen ein Viertel der Bevölkerung bis zum 29. Lebensjahr Angst vor Arbeitslosigkeit, ein gutes Fünftel der 30-44jährigen, 15% der 45-59jährigen und nur noch 3% der Altersgruppe ab dem 60. Lebensjahr. Am größten sind also die Ängste in der Altersgruppe, die üblicherweise zu den 'Gewinnern' des Reformprozesses zählt. Tatsächlich ist - wie Abb. 4-11 zeigt - die Arbeitslosigkeit in Polen und in Rußland unter den jüngeren Menschen am höchsten.

Im Vergleich zu 1997 sind die Ängste vor eigener Arbeitslosigkeit in Polen und Tschechien gestiegen: in geringem Umfang von 14 auf 17% in Polen und deutlicher von 11 auf 17% in Tschechien. Dagegen ist in Ungarn der Anteil derer, die mit Arbeitslosigkeit rechnen, von 14 auf 9% gefallen. Die subjektiv-psychologische Komponente dieser Einschätzung fällt vor allem dann auf, wenn man bedenkt, daß die offizielle Arbeitslosenquote in Ungarn mit etwa 10% immer noch etwa doppelt so hoch ist wie in Tschechien.

Auch wenn das Gefühl der Bedrohung durch Arbeitslosigkeit in Tschechien um etwa 50% gestiegen ist, fällt immer noch - wie bereits 1997 - die deutliche Diskrepanz zur geschätzten allgemeinen Arbeitsmarktentwicklung auf: 80% befürchten eine steigende Arbeitslosigkeit, darunter gehen 31% sogar von „wesentlich mehr" Arbeitslosen aus, aber nur 17% halten es für wahrscheinlich, den eigenen Arbeitsplatz zu verlieren!

4.7 Lebensqualität

Trotz des Negativtrends beim Wirtschaftsklima, bei Preisentwicklung und Arbeitslosigkeit ist die derzeitige Lage in *Tschechien* nicht kritisch; dies zeigt neben der positiven Bewertung der eigenen finanziellen Lage auch die Beurteilung der Lebensqualität (vgl. Abb. 4-11). 46% der Tschechen sind der Meinung, daß man trotz allem *„gut leben" kann, wenn man nur weiß wie;* nur ein knappes Drittel ist anderer Ansicht. Noch deutlicher ist der Gegensatz zwischen den Indikatoren Wirtschaftsklima bzw. Finanzklima und dem 'weichen' Indikator Lebensqualität in *Rußland*: dort sind sogar 57% der Meinung, man könne trotz aller Widrigkeiten gut leben. Dagegen sind die *Ungarn*, die zumindest für die nähere Zukunft mit Verbesserungen der allgemeinen Wirtschafts- und der eigenen finanziellen Entwicklung rechnen, zu 47% mehrheitlich ganz und gar nicht davon überzeugt, man könne gut leben, wenn man weiß wie; dies glaubt nur eine Minderheit von 37%. In *Polen* sind die Meinungen gespalten: für 37% ist ein gutes Leben durchaus möglich, 36% widersprechen dieser Einschätzung und 27% enthalten sich einer Bewertung. Die Verteilung der Meinungen korrespondiert mit der nach wie vor kritischen Lage der privaten Haushalte und den bescheidenen Zukunftsaussichten.

Abbildung 4-12: 'Wenn man weiß wie, kann man trotzdem gut leben'

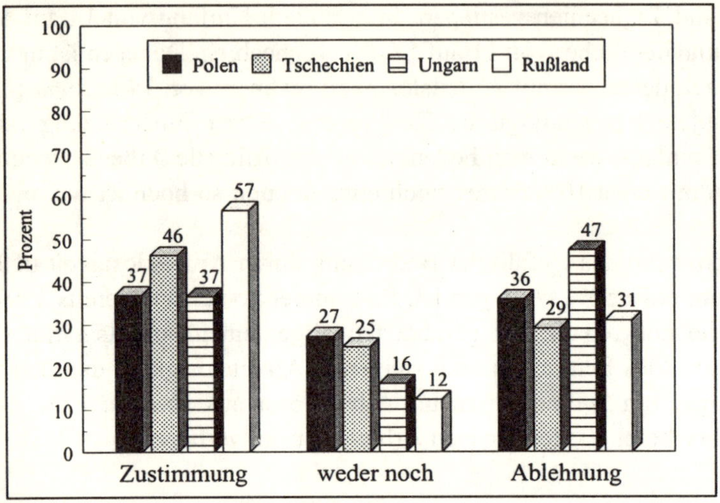

Wie lassen sich die Diskrepanzen zwischen negativer Einschätzung der allgemeinen Lage und positiver Bewertung des privaten Lebens in allen Ländern außer Polen erklären? Zum einen spielt das hohe Ausmaß der Schattenwirtschaft, die Einkommensverluste der Bevölkerung kompensiert und eine unverzichtbare Versorgungsfunktion im Transformationsprozeß übernimmt, in den Reformstaaten eine wichtige Rolle. Zum anderen ist zwischen Meinungstrend und Ausgangslage zu differenzieren: gerade die *Tschechen* hatten eine im Vergleich zu den anderen Reformstaaten sehr gute Anfangsphase der Transformation.[85] Die Anfangserfolge des 'Musterknaben' unter den mittelosteuropäischen Reformstaaten führten zu einem rasch ansteigenden Anspruchsniveau, das infolge der zunehmend ins Stokken geratenen Reformpolitik (insbesondere der verschleppten Privatisierung) enttäuscht wurde. Die Reallöhne stiegen übermäßig und unpropor-

85 Vgl. Haarland/Niessen 1995.

tional zur Produktivität, und die Tschechen lebten über ihre Verhältnisse. Mittlerweile ist der Reformvorsprung zusammengeschmolzen, der künstlich verzögerte Anstieg der Arbeitslosigkeit (durch die Weiterführung von Staatsunternehmen mit unproduktivem Arbeitskräftebesatz) ist das Damoklesschwert über der weiteren Entwicklung, und die Menschen wurden zusätzlich mit einer von Korruptionsvorwürfen begleiteten und verursachten Regierungskrise verunsichert. Obwohl es der Bevölkerung momentan noch relativ gut geht, befürchtet sie zu Recht eine mittelfristige Verschlechterung der Lage.

Rußland dagegen ist gekennzeichnet von einer desolaten staatlichen Finanzlage, zurückgehaltenen Löhne, einer Verarmungstendenz breiter Bevölkerungskreise und einer gleichfalls noch ausstehenden sprunghaft steigenden Massenarbeitslosigkeit. Dennoch kommen die Menschen mit minimalen Löhnen, wenn sie denn ausgezahlt werden, im Vergleich zu den Visegrádstaaten aus, weil sie in der Regel mehreren Nebentätigkeiten nachgehen, nach Möglichkeit zusätzliche Quellen zur Deckung des täglichen Bedarfs ausschöpfen und bislang noch geduldig auf den Aufschwung warten, der sie endlich aus der Misere des abgewirtschafteten Sozialismus herausführen soll. Im Unterschied zu Tschechien konnte Rußland bislang noch keinen Blick aus dem Jammertal hinauswerfen; das Anspruchsniveau befindet sich seit Anbeginn der Transformation auf einem niedrigen Niveau.

Länger als alle anderen Reformstaaten wartet *Ungarn* auf eine Verbesserung des Lebensstandards. Die starke Unzufriedenheit der Ungarn, die sich auch gegen die grundsätzliche Entwicklung des Landes richtet (vgl. Kap. 7.3) und sich deutlich im TBO 1997 widerspiegelte, ist auf die konkreten Auswirkungen der Reform- und Stabilisierungspolitik zurückzuführen, die aber mittlerweile positive wirtschaftliche Resultate hervorbringt, 1995 aber zu wachsenden sozialen Protesten führte. Noch im vergangenen Jahr war der den Ungarn zugeschriebene, fast sprichwörtliche Pessimismus in allen Bereichen sehr hoch. Realeinkommensverluste, Verteuerung von Konsumgütern durch Importzölle sowie gekürzte Sozialleistungen wirken sich eben konkreter und direkter auf die private Lebenshaltung aus als ein allmählich erkennbares Wirtschaftswachstum. Zudem muß noch einmal darauf hingewiesen werden, daß Ungarn nicht *den* Neuanfang erlebte wie Polen oder Tschechien; bereits in den sechziger Jahren an Reformen gewöhnt, mit dem Sonderstatus des 'westlichsten Landes im Osten' begünstigt, gab es ein Zusammengehörigkeitsgefühl unter den Menschen, die auch mit der systemkonformen Korruption umgehen konnten. 1989, im *annus mirabilis,* jedoch büßte Ungarn seinen Sonderstatus ein; zudem gab es keine Schocktherapie, sondern eine eher kontinuierliche Entwicklung. Ungarn erschien in den neunziger Jahren als „einzigartiger Hort der politischen, sozialen und auch wirtschaftlichen Stabilität“[86], die aber für die Bevölkerung gleichzeitig wie eine Durststrecke wirkte. Obwohl sich die Möglichkeiten für politische und wirtschaftliche Aktivitäten verändert hatten, hielten die Menschen an den gewohnten Verhaltensweisen fest; Korruption und Schattenwirtschaft blieben vertraut, Eigenverantwortung und -initiative sind immer noch nicht die Regel. Politische Korruption, wachsende Armut und Kriminalität führten zu einer zeitweiligen Politikverdrossenheit und in der Folge zum Machtwechsel in Ungarn. Reformzufriedenheit und Opferbereitschaft sind seit langem erheblich geringer als in den anderen Ländern, und die Menschen scheinen mit ihrer Geduld am Ende. Die Ergebnisse des TBO 1998 machen jedoch deutlich, daß sich die Stimmung in Ungarn erheblich verbessert hat.

86 Rüb 1998.

5 Reformklima

5.1 Zufriedenheit mit dem Reformprozeß

In allen Ländern, in denen das TBO erhoben wird, überwiegt ganz deutlich die Unzufriedenheit mit der Durchführung der Reformen. Wie nach der negativen Bewertung der Wirtschaftslage nicht anders zu erwarten, ist die Unzufriedenheit in *Rußland* besonders hoch: 90% der Bevölkerung sind nicht zufrieden mit dem Verlauf des Reformprozesses, darunter 47% „überhaupt nicht", deutlich mehr als in allen übrigen Reformstaaten. Die Ablehnung der Reformpolitik durch die Bevölkerung ist damit im Vergleich zum TBO 1997 in Rußland konstant geblieben.

Abbildung 5-1: Zufriedenheit mit dem Verlauf des Reformprozesses

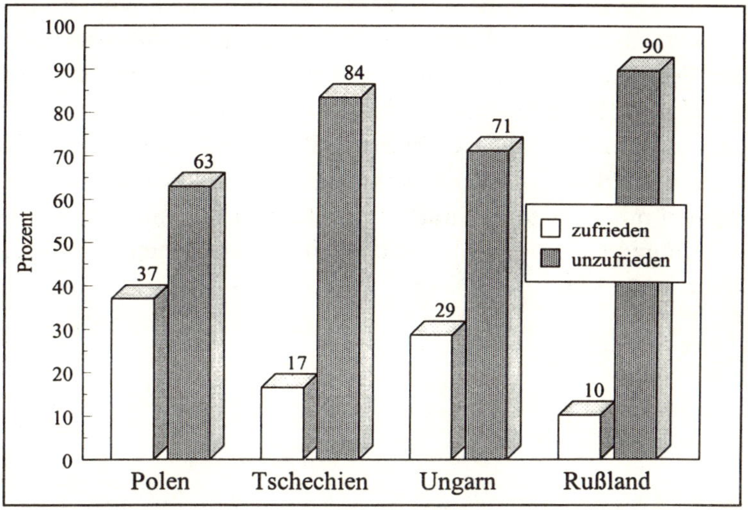

In der 'Rangfolge' der Reformkritiker haben Tschechien und Ungarn im Laufe des vergangenen Jahres die Plätze getauscht: äußerten 1997 'nur' 78% der *Tschechen* Unzufriedenheit mit den Reformen, so ist dieser Anteil in diesem Jahr noch einmal leicht auf 84% angestiegen. Die Unzufriedenheit zieht sich gleichermaßen durch alle gesellschaftliche Schichten, ist in ländlichen Regionen aber deutlich höher als in den Städten.

Auch in *Ungarn* überwiegt ganz deutlich die Unzufriedenheit, die von 71% der Bevölkerung zum Ausdruck gebracht wird. Allerdings ist dieser Anteil im Vergleich zu den Ergebnissen von 1997 (84%) deutlich zurückgegangen; der Anteil der Zufriedenen stieg im gleichen Zeitraum von 16% auf immerhin 29%, also sind mittlerweile fast doppelt soviele Menschen wie im Vorjahr zufrieden mit dem Reformprozeß. Der Anstieg der Zufriedenheit liegt letztlich in den wirtschaftlichen Erfolgen der Regierung Horn begründet, auch wenn diese den Stimmungsumschwung bei den Parlamentswahlen 1998 nicht zu ihrem Vorteil nutzen konnte. Die postsozialistische Regierung Horn verlor aber ihre Machtstellung nicht aufgrund von Versäumnissen in der Reformpolitik, sondern wegen der erstarkten und geeinten Opposition, den Versäumnissen in Fragen der inneren Sicherheit und Korruptionsskandalen.[87] Besonders hoch ist die Zufriedenheit mit dem Reformverlauf in Ungarn unter Akademikern (37%) und Personen mit hohem Einkommen (41%).

Am höchsten ist die Zufriedenheit mit den Reformen jedoch nach wie vor in *Polen*, wo ein gutes Drittel den bisherigen Reformprozeß befürwortet; unter der jüngsten Altersgruppe bis zum 29. Lebensjahr ist sogar fast jeder zweite (48%!) zufrieden mit den Reformen, und auch bei den Akademikern erreicht der Grad der Zufriedenheit einen Anteil von 45%. Allerdings dominiert auch in der polnischen Gesellschaft insgesamt die Unzufriedenheit mit der Durchführung der Reformen, wie sie fast zwei Drittel der Bevölkerung äußern. Im Vergleich zum Vorjahr haben sich die Ergebnisse kaum verändert.

---

87 Vgl. dazu u.a. Józsa 1997, S. 164ff.

5.2 Reformstrategie und Reformtempo

Die Gründe dieser massiven Unzufriedenheit mit den Reformen in Mittel- und Osteuropa scheinen in sich widersprüchlich. Einerseits sind die Menschen mit ihrer Geduld allmählich am Ende und sehnen den Abschluß der Reformprozesse herbei: mehrheitlich sind sie der Meinung, die Reformen verliefen zu langsam. Andererseits sprechen sich fast alle gegen einen schnellen, radikalen Wechsel und stattdessen für einen langsamen, sozial abgefederten Wandel aus. Wie lassen sich diese widersprüchlich wirkenden Einstellungen belegen?

Abbildung 5-2: Beurteilung des Reformtempos im Zeitvergleich

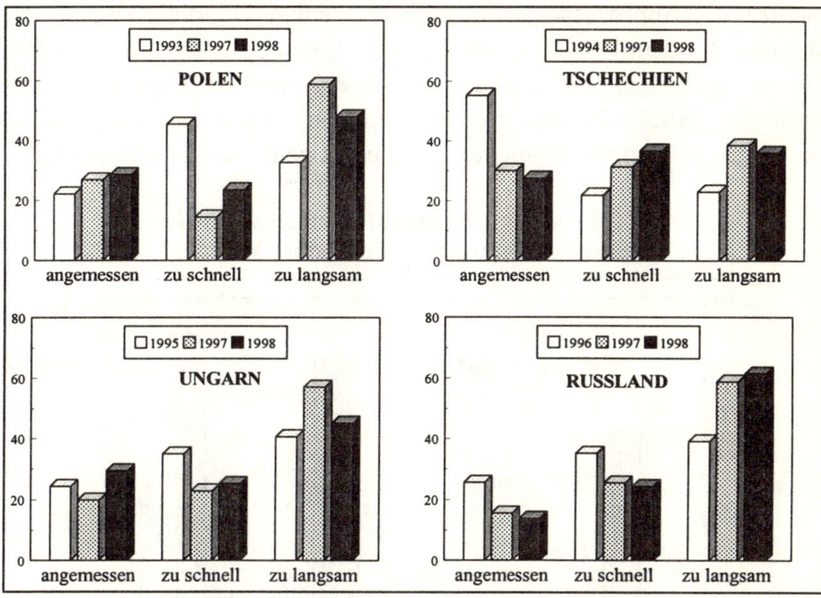

Auf die Frage, ob die Reformen zu schnell, zu langsam oder angemessen verlaufen, antworten mittlerweile die meisten, es gehe zu langsam voran: dies denken 62% der Russen[88], 48% der Polen, 45% der Ungarn und im-

88 Allerdings ist der Anteil der Meinungslosen („Weiß nicht") in Rußland in dieser Frage beständig höher als in den übrigen Ländern, 1998 um ca. 10%.

merhin noch 36% der Tschechen. Wie aus Abb. 5-2 ersichtlich wird, ist in *Rußland* die Mehrheit der Bevölkerung bereits seit 1997 der Meinung, es gehe zu langsam voran. Ganz ähnlich stellen sich die Meinungen der *Ungarn* dar. In *Polen* äußerte 1993 - in der Anfangsphase der Reformen - noch eine Mehrheit die Meinung, das Reformtempo verlaufe zu schnell; seit dem vorigen Jahr empfindet auch die Mehrheit der polnischen Bevölkerung das Tempo als zu langsam. In *Tschechien* äußerte 1994 sogar jeder zweite, das Tempo sei angemessen. Mittlerweile nehmen die Tschechen eine sehr ambivalente Haltung zum Reformtempo ein.

Nun kann die Aussage, „die Reformen verlaufen zu langsam", zweierlei bedeuten: zum einen kann der Wunsch dahinterstehen, die Reformmaßnahmen möglichst schnell umzusetzen, zum anderen kann die Dauer des gesamten Reformprozesses damit kritisiert werden. Um diese Uneindeutigkeit - und die damit verbundene Frage nach den Alternativen Schocktherapie vs. Gradualismus - zu klären, wurde eine weitere Frage gestellt, mit der die persönliche Präferenz eines schnellen, radikalen Umbruchs oder eines langsamen, sozial abgefederten Wandels gemessen werden sollte.

Abbildung 5-3: Gewünschte Reformstrategie - schneller Umbruch vs. langsamer Wandel

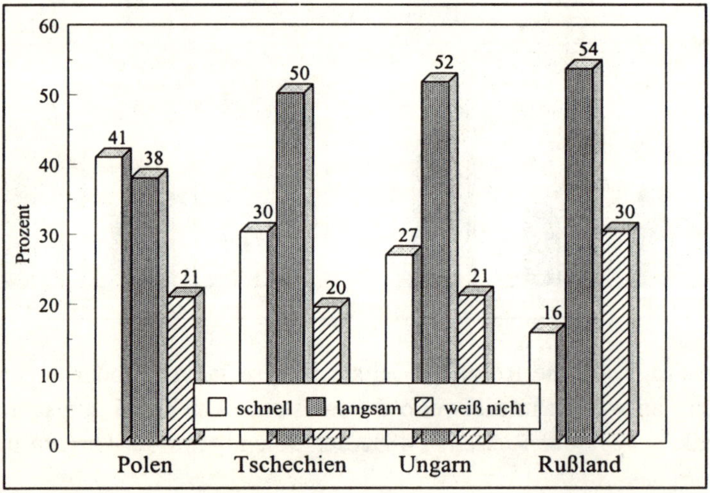

Die Ergebnisse zeigen, daß mit Ausnahme Polens in allen Ländern eine deutliche Mehrheit den langsamen Wandel bevorzugt: mindestens jeder zweite in Tschechien, Ungarn und Rußland entscheidet sich für einen gradualistischen Transformationsprozeß. Dagegen sind die Präferenzen in Polen ambivalent: 41% favorisieren den schnellen Umbruch, aber kaum weniger (38%) bevorzugen den langsamen Wandel. Wenn man davon ausgeht, daß Polen das einzige der vier Reformländer ist, in dem am konsequentesten nach der Variante der Schocktherapie verfahren wurde, und wir in Polen insgesamt auch die höchste Zufriedenheit mit den Reformen vorfinden, verwundert die vergleichsweise hohe Präferenz für einen schnellen Systemwechsel nicht. Trotz der politischen Turbulenzen in Polen, die ihren Ausdruck z.B. im Kampf um das Präsidentenamt (vom 'Mann des Volkes' Walesa zum Postkommunisten Kwasniewski) und zahlreichen Regierungswechseln fanden, ist die Bevölkerung noch am ehesten mit der Reformpolitik einverstanden. In allen vier Ländern steigt die Präferenz der Schocktherapie mit dem Grad der formalen Bildung und dem Einkommen und fällt mit dem Lebensalter: unter den jüngeren Polen (unter 30) favorisiert fast jeder zweite den schnellen Umbruch und nur ein knappes Drittel den langsamen Wandel; dagegen sprechen sich 39% der Älteren für den langsamen Wandel aus und nur noch 33% für den schnellen Wechsel.

Für viele Menschen scheint das Ende der Fahnenstange erreicht, und sie sehnen sich nach einem Abschluß der nunmehr fast ein Jahrzehnt andauernden Übergangsperiode. Da aber vor allem in Tschechien und Rußland über lange Strecken eine Reformpolitik verfolgt wurde, die eher einer *muddling through*-Strategie gleicht, ist kostbare Zeit vergeudet worden, um notwendige Entwicklungen auf den Weg zu bringen. In Tschechien wurden z.B. bis Juli 1998 die Mieten für staatliche Wohnungen subventioniert; nun steigen diese Mieten um bis zu 40%, was ein Prager Unternehmensberater mit den Worten kommentiert: „Die Tschechen erfahren jetzt erst, viel später als ihre Nachbarn in Ungarn und Polen, was es heißt, eine sozialistische Wirtschaft umzustrukturieren.“[89] Zwar setzte der Interimspremier Tosovsky in nur sechs Monaten zahlreiche reformpolitische Maßnahmen um, insbesondere im Bereich der Bankenprivatisierung, aber ein baldiges Ende des Transformationsprozesses scheint nicht in Sicht.

Was somit widersprüchlich wirkt - ein baldiges Ende des Reformprozesses als *Ziel*, gepaart mit dem längeren *Weg* eines langsamen Wandels -,

---

89 Borek Severa, in: Lähmendes Politpatt, Wirtschaftswoche Nr. 27, 25.6.1998, S. 38.

führt zu einem bekannten Dilemma des Transformationsprozesses: wünschenswert ist ein schneller Wechsel, der den Menschen gleichzeitig möglichst wenig abverlangt. Dies käme allerdings einer Quadratur des Kreises gleich: ein abrupter Wechsel führt zwar schneller zum ersehnten Ende des entbehrungsreichen Übergangsprozesses, aber nur um den Preis tieferer sozialer Einschnitte; diese werden durch einen verlangsamten Übergangsprozeß - jedenfalls soweit als möglich - vermieden, aber um den Preis eines viel späteren Abschlusses des Systemwechsels.

Aus Sicht der Bevölkerung sind beide Wünsche (möglichst geringe soziale Probleme und schnelles Ende der Übergangsperiode) nur zu verständlich, und den Menschen kann man nicht vorwerfen, Erwartungen zu hegen, die paradox sein mögen. Der Vorwurf muß sich eindeutig an die Politiker richten, die die Phase der Opferbereitschaft der Bevölkerung ungenutzt verstreichen ließen, sei es, weil sie unpopuläre Maßnahmen scheuten, sei es, weil sie mehr oder weniger unverhohlen Korruption geduldet oder gar praktiziert haben; sowohl in der russischen wie auch in der tschechischen Reformpolitik lassen sich durchaus Beispiele dafür finden.

Das größte Problem dieser widersprüchlichen Reformpolitik ist der neuerliche Vertrauensverlust in der Bevölkerung in die Kompetenz der Politik. Während in Ungarn oder Polen postkommunistische Parteien und Politiker auch gegen ihre Vergangenheit antreten mußten, wurde der konservativneoliberalen Regierung um Klaus ein unbeschädigtes Vertrauen entgegengebracht. Ausgerechnet dieser Kämpfer für eine „Marktwirtschaft ohne Attribute" muß sich nun vorwerfen lassen, die Privatisierung auf halbem Wege abgebrochen und undurchsichtige Parteispenden erhalten und vertuscht zu haben. Zwar wird erst im Nachhinein deutlich, daß die Voucherprivatisierung, auf die in Tschechien viele Hoffnungen gesetzt wurden und die von zahlreichen Experten empfohlen wurde, offenkundig doch nicht zum gewünschten Ziel führte. Wer sich aber in dieser Situation mit - laut tschechischen Medien - unverhohlener Arroganz auch noch im Filz der Korruption verheddert, verspielt das Vertrauen der Bürger und Wähler erst recht.

Dieser Vertrauensverlust schwächt aber die Akzeptanz des Reformprozesses in der Bevölkerung und entzieht der für die Übergangsperiode wichtigen Opferbereitschaft die Grundlage. Niemand verzichtet freiwillig und nimmt zusätzliche Einschränkungen auf sich, wenn er befürchten muß, daß die politischen Akteure notwendige Maßnahmen nicht oder unzulänglich durchführen und darüber hinaus auch noch der Korruption verdächtig sind.

Abbildung 5-4: Opferbereitschaft für schnelleren Reformverlauf[90]

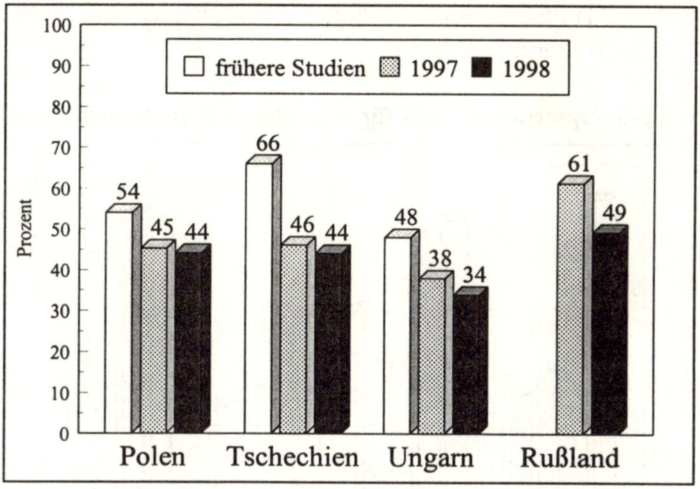

So kann es nicht verwundern, wenn die Opferbereitschaft der Bevölkerung überall deutlich zurückgegangen ist. Waren in *Tschechien* 1994 noch zwei Drittel der Bevölkerung bereit, weitere Einschränkungen zu akzeptieren, wenn sich dafür in naher Zukunft die Wirtschaftslage verbessere, so sank diese Bereitschaft auf 44% in diesem Jahr. Mittlerweile lehnen 56% der Tschechen zusätzliche Einschränkungen ab; in Prag steigt dieser Anteil sogar auf drei Viertel der Befragten an. Eine ähnliche Entwicklung zeigt sich in *Polen:* in der Anfangsphase der Reformen 1993 waren noch 54% zu Opfern bereit, heute dagegen nur noch 44%.

Am höchsten ist die Bereitschaft zu zusätzlichen Opfern noch in *Rußland*, wo im vergangenen Jahr 61%, mittlerweile aber nur noch 49% sich einen reformpolitischen Tausch von Geld gegen Zeit vorstellen können. Lediglich in Moskau selbst steigt die Opferbereitschaft noch auf 60% an. Seit jeher gering war diese Bereitschaft bei den nach Jahrzehnten reformmüden *Ungarn*, die 1995 zu 48%, im vergangenen Jahr nur noch zu 38%

90 In Rußland wurde die Frage 1996 anders gestellt.

und derzeit lediglich zu einem guten Drittel zusätzliche Einschränkungen akzeptieren würden; zwei Drittel der Bevölkerung lehnen dies allerdings mittlerweile strikt ab. In allen vier Ländern ist die Opferbereitschaft bei jüngeren, gut ausgebildeten und Personen mit hohem Einkommen, also bei den typischen 'Transformationsgewinnern', vergleichsweise höher als in den anderen Bevölkerungsgruppen.

Abbildung 5-5: Opferbereitschaft für schnelleren Reformverlauf nach Alter

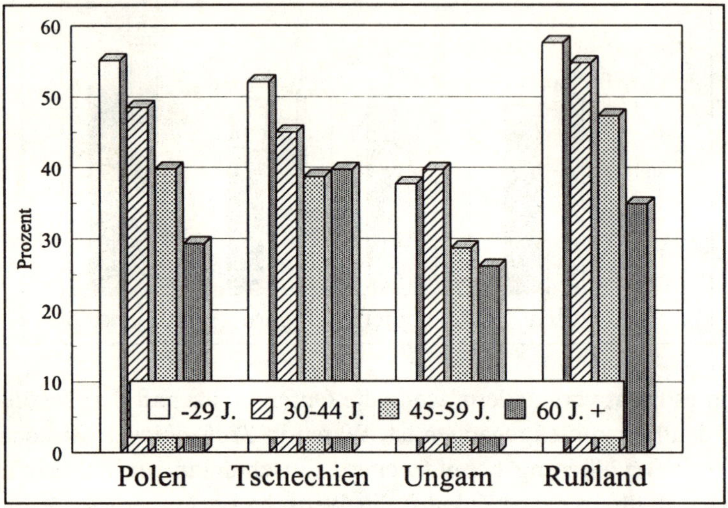

6 Marktwirtschaft

6.1 Einstellungen zur Marktwirtschaft

In der Anfangsphase des Transformationsprozesses wurde die Einführung der Marktwirtschaft von der großen Mehrheit der Bevölkerung der Reformländer begrüßt. Da sich jedoch die anfänglich hohen Erwartungen, wie z.B. eine Angleichung des Lebensstandards an westliches Niveau, nicht so schnell erfüllen ließen wie gewünscht und statt dessen notwendige Anpassungsprozesse zunächst zu einer Minderung des Lebensstandards führten, reagierte die Bevölkerungsmehrheit mit Enttäuschung. Die wirtschaftliche Situation weiter Teile der Bevölkerung wurde zunächst deutlich schlechter statt besser, was sich negativ auf die Einstellung zum marktwirtschaftlichen System auswirkte: die anfängliche euphorische Bewertung ist einer kritischen und realistischeren Sicht gewichen, die mit dem schleppenden Verlauf der Reformen insbesondere in Tschechien, Polen und Rußland in ein eher negatives Bild der Marktwirtschaft übergegangen ist. Die wirtschaftlichen Erfolge der letzten Jahre führten in Ungarn hingegen zu einer insgesamt positiveren Beurteilung des marktwirtschaftlichen Systems.

Eine deutliche Mehrheit, nämlich ca. zwei Drittel der polnischen und tschechischen Bevölkerung und knapp drei Viertel der Ungarn und der Russen fühlt sich *durch die Marktwirtschaft verunsichert*. Der Grad der Verunsicherung korreliert dabei insbesondere in Polen und Rußland mit der formalen Bildung und der Höhe des verfügbaren Einkommens. Personen mit niedrigem Einkommen und niedriger formaler Bildung äußerten deutlich häufiger Zukunftsängste als einkommensstarke und hochqualifizierte Personen.

Noch deutlicher wird die ungleiche *Einkommensverteilung* kritisiert: drei Viertel der Bevölkerung in Polen, Tschechien und Ungarn und fast

90% der Russen (88%) beklagen, daß „die Reichen immer reicher und die Armen immer ärmer werden“, wobei auch diese Ansicht vor allem von Gruppen mit niedriger formaler Bildung in Polen, Ungarn und Tschechien (76% der Befragten mit Volksschulabschluß und 51% der Akademiker) und von älteren Personen in Rußland geäußert wird.

Abbildung 6-1: Kritik an der Marktwirtschaft

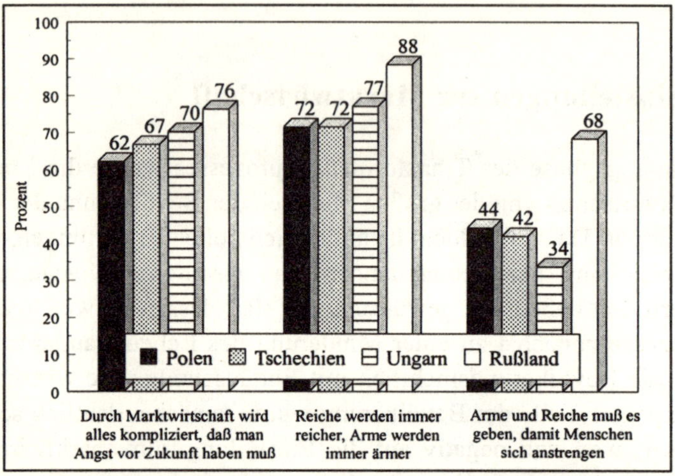

Abbildung 6-2: Kritik an der *komplizierten Marktwirtschaft* im Zeitverlauf

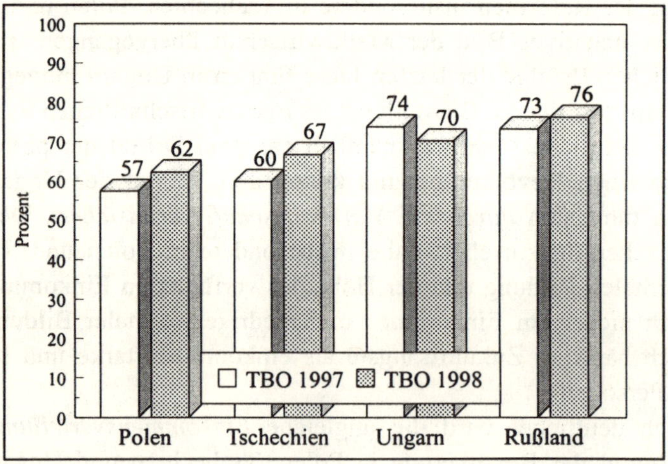

Die *Einkommensdifferenzierung als Leistungsanreiz in einer Marktwirtschaft* wird dementsprechend von nur ca. 40% der Polen und Tschechen, 34% der Ungarn, aber von überraschend vielen Russen (zwei Drittel der Bevölkerung) grundsätzlich akzeptiert.

Der Vergleich mit den Resultaten des TBO 1997 zeigt, daß die Ängste vor der 'komplizierten Marktwirtschaft' in Polen, Tschechien und Rußland zugenommen haben und in Ungarn leicht rückläufig sind. Die Beurteilung der Einkommensverteilung spiegelt ebenso die wirtschaftliche Lage im jeweiligen Land wider: der Anteil der Kritiker hat in allen Ländern zugenommen; lediglich in Ungarn ist ein leichter Rückgang zu verzeichnen.

Abbildung 6-3: Einkommensdifferenzierung als Leistungsanreiz im Zeitvergleich

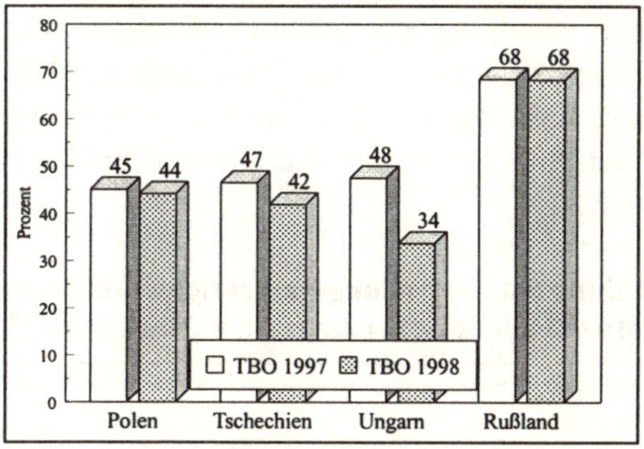

Es wundert daher nicht, daß auch die grundsätzliche marktwirtschaftliche Notwendigkeit von Leistungsanreizen im Vergleich zum Vorjahr verstärkt in Frage gestellt wird. Während in Polen und Tschechien der Anteil derer, die das Prinzip des Leistungsanreizes befürworten, nur um wenige Prozentpunkte zurückging, sank er in Ungarn um 14%; wie 1995 lehnt damit die Mehrheit der ungarischen Bevölkerung die These ab, es müsse Arme und Reiche geben, „damit die Menschen sich anstrengen". Nur in Rußland, wo 90% dafür plädieren, daß der Verdienst an der Leistung gemessen werden sollte[91], stimmen unverändert 68% der Bevölkerung für differenzierte Einkommen als Leistungsanreiz.

---

91 Vgl. Kääriäinen 1997, S. 14.

Die Auswirkungen der Marktwirtschaft werden in den einzelnen Reformstaaten sehr unterschiedlich bewertet. Drei Viertel der russischen Bevölkerung sind der Ansicht, daß sich durch die Einführung der Marktwirtschaft die Verhältnisse für den Einzelnen *nicht geändert* haben und daß lediglich diejenigen von Veränderungen profitieren, die schon im Sozialismus zu den Gewinnern des Systems gehörten. Diese Auffassung vertreten auch etwa 50% der Tschechen und Ungarn, während es in Polen nur wenig mehr Befürworter (39%) als Gegner (34%) gibt. Die Einstellung wird stark beeinflußt durch das Bildungsniveau und Einkommen der jeweiligen Befragten. So sind in Tschechien knapp zwei Drittel der Befragten mit dem niedrigsten Bildungsabschluß, aber nur 28% der Akademiker dieser Ansicht bzw. 57% der einkommensschwachen und 43% der einkommensstarken Befragten; ähnliche Zusammenhänge zeigen sich auch in den anderen Reformstaaten. Das Ausmaß der Zustimmung hängt des weiteren davon ab, ob es sich um (Haupt-) Stadt- oder Landbewohner handelt. In Polen stimmen beispielsweise 43% der Bewohner ländlicher Gebiete, aber nur 13% der Warschauer der Aussage zu, nur die alte Nomenklatura profitiere von den Veränderungen.

Abbildung 6-4: Verteilungsgerechtigkeit und Chaos - negative Begleiterscheinungen der Marktwirtschaft

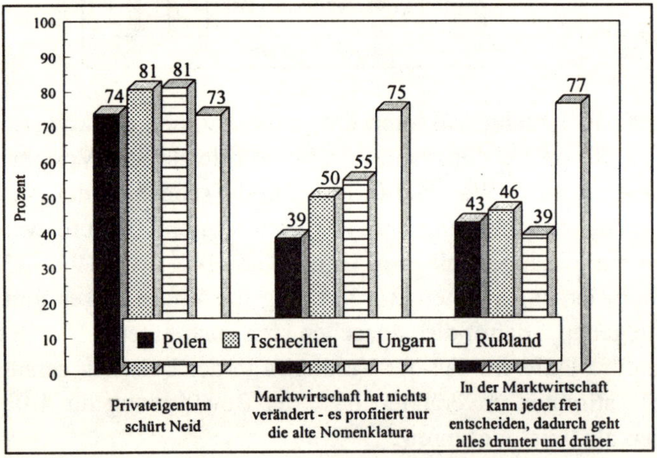

Eine weitere Begleiterscheinung der Marktwirtschaft, nämlich die persönliche *Entscheidungsfreiheit* für jedermann, wird von der überwiegenden

Mehrheit der Russen (77%) negativ bewertet, da diese dazu führe, daß alles „drunter und drüber" ginge. Der Begriff der Freiheit wird in Rußland - anders als in den westlichen Ländern - eher mit einer 'Qual der Wahl' als mit persönlicher Entfaltungsmöglichkeit gleichgesetzt.[92] Insbesondere ältere Russen, welche in ihrem Leben selten die Möglichkeit hatten, selbständig Entscheidungen zu treffen, fühlen sich von der seit neuestem gebotenen Entscheidungs- und Wahlfreiheit überfordert.

In den Visegrádstaaten fällt die Bewertung nicht ganz so negativ aus, denn den durchschnittlich 43% der Kritiker der Entscheidungsfreiheit stehen zu etwa einem Drittel Befürworter und zu einem Viertel Unentschlossene gegenüber. Dabei äußern in allen Reformstaaten überdurchschnittlich viele Bewohner ländlicher Gebiete bzw. relativ wenige Bewohner der Hauptstadt Kritik an der Freiheit der Entscheidung (Beispiel Rußland: 81% der Landbevölkerung, 66% aus der Hauptstadt). Im Vergleich zum Vorjahr hat die Kritik außer in Ungarn, wo der Anteil leicht zurückging, in allen anderen Staaten zugenommen.

Abbildung 6-5: Mehr Eigeninitiative als Hilfe vom Staat (Zeitvergleich)

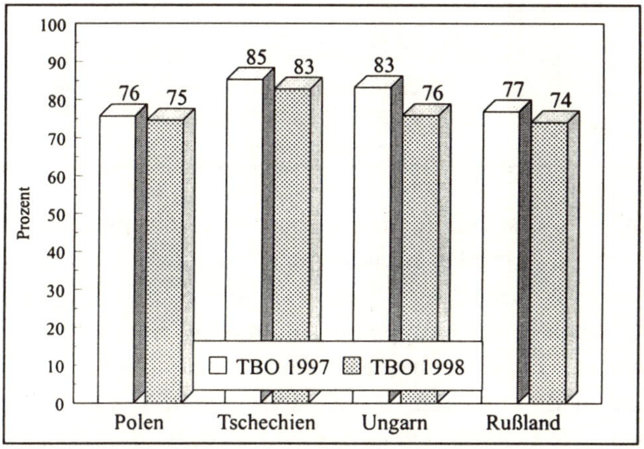

Bereits die Ergebnisse des TBO 1997 zeigten, daß die Mehrheit der Befragten *in Zukunft mehr auf die eigene Leistung vertrauen* und weniger auf

92 Vgl. Haarland/Niessen 1998, S. 60, Mazonaschwili 1994, S. 6-8

staatliche Hilfe bauen will. In dieser Hinsicht hat sich im Vorjahresvergleich nur wenig geändert: drei Viertel der Polen, Ungarn und Russen und gut 80% der Tschechen stimmen dieser Einschätzung zu; lediglich in Ungarn ist die Zustimmung leicht zurückgegangen. Besonders deutlich zeigt sich die Notwendigkeit von Eigeninitiative in Rußland, wo ein Überleben breiter Bevölkerungsschichten nur durch private Aktivitäten in der Schattenwirtschaft gewährleistet wird.

Abbildung 6-6: Schneller und hoher Verdienst wichtiger als langfristig sicherer Arbeitsplatz? (Russische Befragte nach Alter)

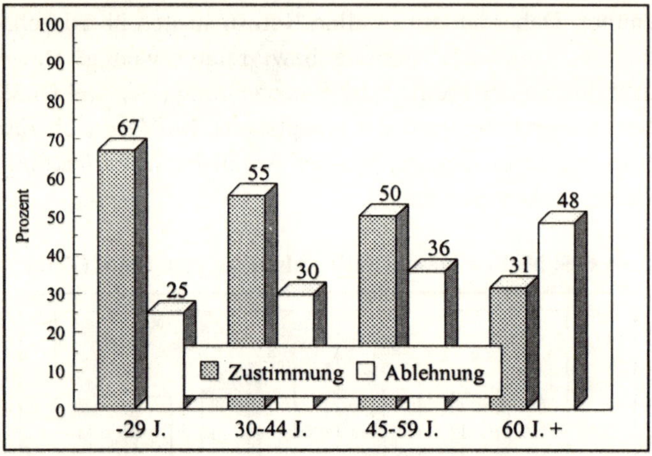

Wie aus Abb. 6-6 ersichtlich, sind insbesondere die jüngeren Russen (bis 29 Jahre) stark einkommensorientiert und bekunden zu zwei Dritteln, *ein schneller, hoher Verdienst sei für sie wichtiger als ein langfristig sicherer Arbeitsplatz.* Auch in der Gruppe der 30-44jährigen und der 45-59jährigen überwiegen deutlich die Befürworter dieser Meinung. Die Einkommensorientierung hat in diesen Gruppen seit dem letzten TBO 1997 sogar noch zugenommen. Bei den älteren Befragten (ab dem 60. Lebensjahr) ist ein gegenläufiger Trend erkennbar: 1997 bevorzugten lediglich 41% einen sicheren Arbeitsplatz, mittlerweile fast jeder zweite ab 60 Jahren.

Die Ergebnisse decken sich mit denen des World Values Survey 1996, nach denen ein hoher Verdienst der bei weitem wichtigste Faktor der Erwerbsarbeit ist und von 90% der Russen als wichtig erachtet wird. Da zum einen die Arbeitsplatzsicherheit sehr gering ist und zum anderen ein hohes

Einkommen in Rußland nicht das gleiche bedeutet wie in anderen Ländern (oft müssen mehrere Tätigkeiten gleichzeitig ausgeübt werden, um den Lebensunterhalt zu sichern), wird verständlich, warum ein hoher Verdienst gegenüber einem langfristig sicheren Arbeitsplatz bevorzugt wird.[93]

Abbildung 6-7: Schneller und hoher Verdienst wichtiger als langfristig sicherer Arbeitsplatz?

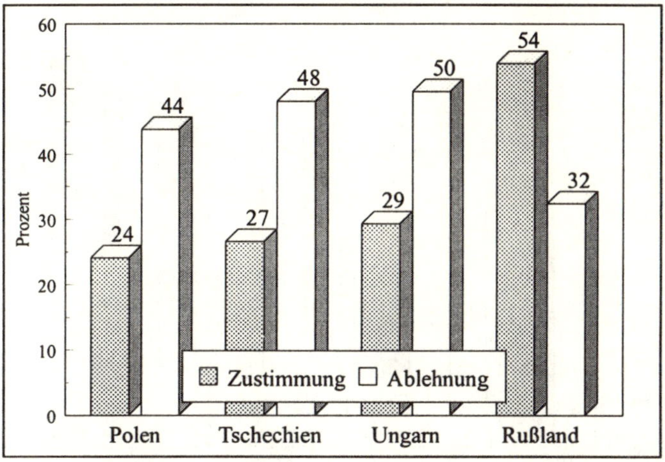

Anders dagegen die Ansichten in den Visegrádstaaten: für jeden zweiten aus Tschechien und Ungarn und für 44% der Polen überwiegt die Arbeitsplatzsicherheit einen kurzfristig hohen Verdienst. Im Vergleich mit den Ergebnissen des TBO 1997 fällt auf, daß sowohl der Anteil derer, die dieser Auffassung zustimmen als auch derjenigen, die sie ablehnen, in allen drei Ländern leicht gesunken ist; gestiegen ist dagegen der Anteil der Unentschlossenen.

Gut 80% der Russen und zwei Drittel der Ungarn sehnen sich zurück nach den 'guten alten Zeiten', in denen *jeder genau wußte, was er zu tun hatte*, und das Leben deshalb viel einfacher war. Nicht ganz so nostalgisch bewerten die Tschechen (42% Zustimmung) und die Polen (55% Zustimmung) die vergangenen Zeiten. In Tschechien und Rußland ist der Anteil der Nostalgiker gegenüber dem Vorjahr allerdings leicht gestiegen (um 5%

93 Vgl. TBO 1997.

bzw. 10%). Anhand dieser Zahlen wird deutlich, daß die zögerliche Umsetzung der Reformen zu einem Vertrauensverlust der Menschen geführt hat, der die Sehnsucht nach den angeblich besseren alten Zeiten aufkommen läßt.

Abbildung 6-8: „Früher waren die Leute besser dran, weil jeder wußte, was er zu tun hatte“ (Zustimmung im Zeitvergleich)

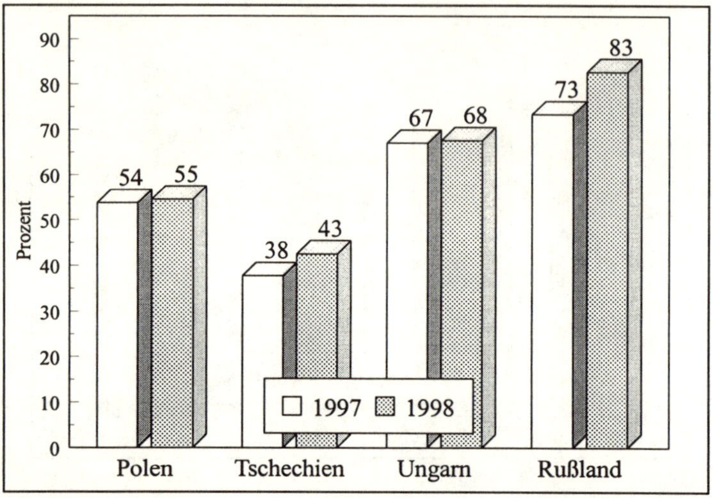

Vor allem ältere Menschen tendieren dazu, die Vergangenheit gegenüber der Gegenwart zu idealisieren. Dies ist nur allzu verständlich, da ältere Menschen nicht so flexibel sind wie jüngere und den totalen sozialen, ökonomischen, politischen und mentalen Paradigmenwechesel als beängstigend empfinden. Außerdem sehen sich viele Rentner in ihren Erwartungen eines ruhigen und gesicherten Lebensabends getäuscht und statt dessen mit einem vollkommen neuen, undurchschaubaren Gesellschafts- und Wirtschaftssystem konfrontiert. Am meisten werden die „guten alten Zeiten, in denen jeder genau wußte, was er zu tun hatte“, in Rußland zurückgesehnt. Im Vergleich zum Vorjahr ist 1998 in allen Ländern die Zustimmung sogar leicht angestiegen. Beeinflußt wird diese Einstellung vom Grad der formalen Bildung und der Höhe des Einkommens: während 48% der Tschechen mit niedrigem Schulabschluß vergangenen Zeiten nachtrauern, sind es nur 28% der Universitätsabsolventen. Unter den einkommensschwachen Befragten finden sich 53% 'Nostalgiker', unter denjenigen mit hohem Einkommen hingegen nur ein Drittel; ähnliches gilt für die anderen Reformstaaten.

Abbildung 6-9: „Früher waren die Leute besser dran, weil jeder wußte, was er zu tun hatte“ (Zustimmung nach Alter)

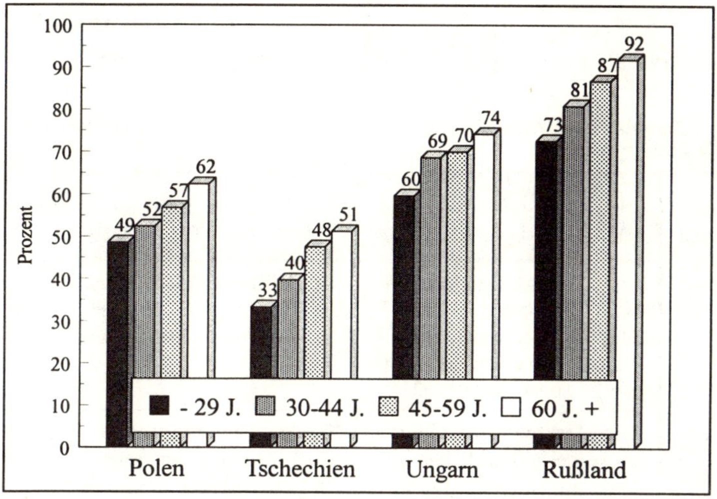

Auch die Herkunft wirkt sich auf die Einschätzung der Vergangenheit aus. In allen untersuchten Ländern ist zu beobachten, daß die Landbevölkerung tendenziell nostalgischer empfindet als die Städter. In Polen sehnen sich zum Beispiel 61% der ländlichen Bevölkerung, aber nur 25% der Warschauer zurück nach den alten Zeiten.

Die Meinung, daß jegliche *Anstrengung nutzlos sei,* wird von der Mehrheit der Polen (44%) und der Tschechen (51%) abgelehnt; jeweils etwa 30% stimmen ihr zu. Umgekehrt verhält es sich in Ungarn und Rußland: knapp 60% der russischen und ungarischen Bevölkerung stimmen dieser These zu und nur etwa 30% lehnen sie ab. Die Leistungsorientierung hat sich gegenüber dem Vorjahr kaum verändert. Sowohl in den Visegrádstaaten als auch in Rußland korreliert sie positiv mit einem hohen Bildungsniveau, hohem Einkommen und niedrigem Alter. In Polen und Rußland zeigen sich Städter leistungsorientierter als Landbewohner: während die Zustimmung in Warschau 15% beträgt, sind es 33% in ländlichen Gebieten; in Rußland stehen 44% Zustimmung in Moskau 59% Zustimmung in ländlichen Gebieten gegenüber.

6.2 Der TBO-Marktwirtschaftsindex

6.2.1 Konstruktion des TBO-Marktwirtschaftsindex[94]

Der TBO-Marktwirtschaftsindex basiert auf der Zustimmung der im vorhergehenden Kapitel vorgestellten Aussagen zur Marktwirtschaft, die sowohl positive als auch negative Einstellungen repräsentieren.

Tabelle 6-1: Zuordnung der Aussagen zur Marktwirtschaft

Faktor 1: 'Kontra'-Marktwirtschaft	Faktor 2: 'Pro'-Marktwirtschaft
Durch die Marktwirtschaft wird alles so kompliziert und unsicher, daß man schon ein wenig Angst vor der Zukunft haben muß.	In der Marktwirtschaft geht es allen Menschen besser als unter dem alten System.
Die Marktwirtschaft führt zu keinerlei wirklichen Veränderungen; von ihr profitieren nur jene, denen es bereits im alten System gut ging.	In einer Marktwirtschaft muß man alles der freien Initiative überlassen; soziale Gerechtigkeit stellt sich dann schon von selbst ein.
In der Marktwirtschaft werden die Reichen immer reicher, die Armen immer ärmer.	In der Marktwirtschaft muß es Arme und Reiche geben, damit die Menschen sich anstrengen.
In der Marktwirtschaft kann jeder frei entscheiden; dies führt aber dazu, daß alles drunter und drüber geht.	Zukünftig müssen die Bürger mehr auf eigene Leistung als auf staatliche Hilfe und Unterstützung setzen.

Der TBO-Marktwirtschaftsindex versucht das Ausmaß von Marktwirtschaftsbefürwortern und Marktwirtschaftskritikern in den Reformländern zu quantifizieren, Veränderungen im Zeitverlauf innerhalb der Einstellungstypen nachzuzeichnen und zukünftige Entwicklungen abzuschätzen.

94 Vgl. Haarland/Niessen 1997, S. 68 ff.

Aufbauend auf einer faktoranalytischen Überprüfung aller die Marktwirtschaft betreffenden Einstellungen, wurden alle marktwirtschafts*kritischen* Items einem Faktor und alle *positiven* Aussagen zur Marktwirtschaft einem zweiten Faktor zugeordnet (vgl. Tabelle 6-1, Seite 102).

Die auf diesen Faktoren aufbauende Indexkonstruktion resultiert aus der Zustimmung zu den jeweiligen Aussagen. Unterscheidungskriterium ist die Anzahl der Zustimmungen zu positiven und/oder negativen Aussagen:

1. *Marktwirtschaftsbefürworter*,
   d.h. diejenigen, die mehr positiven Aussagen zur Marktwirtschaft zugestimmt haben als negativen, kritischen Aussagen. Sie stehen der Marktwirtschaft tendenziell positiv gegenüber. Zwar wird auch von ihnen Kritik an der Marktwirtschaft geübt, aber die positiven Aspekte überwiegen.
2. *Ambivalente*,
   d.h. diejenigen, die genauso vielen positiven wie negativen Aussagen zur Marktwirtschaft zugestimmt haben. Die Ambivalenten stehen zwar positiv zur Marktwirtschaft, sehen aber im gleichen Umfang auch deren negative Seiten und äußern Kritik.
3. *Marktwirtschaftskritiker*,
   d.h. diejenigen, die mehr negativen Aussagen zur Marktwirtschaft als positiven zustimmen. Sie stehen der Marktwirtschaft tendenziell negativ gegenüber. Auch wenn nicht alle Kritiker die Marktwirtschaft rundum ablehnen, so überwiegt doch die Kritik.

6.2.2 Marktwirtschaftsbefürworter und Marktwirtschaftskritiker

Den höchsten Anteil an Marktwirtschaftsbefürwortern in den untersuchten Reformländern haben weiterhin die Länder Tschechien und Polen mit gut einem Viertel, auch wenn dieser Anteil in Tschechien um 7% und in Polen um 6% gesunken ist. Es überwiegen aber (ebenso wie in Ungarn und in Rußland) die Marktwirtschaftskritiker, deren Anteil sich im Vergleich zum Vorjahr in allen untersuchten Ländern erhöht hat.

Der Anteil der Ambivalenten ist in den betrachteten Ländern im Zeitvergleich nahezu unverändert und macht jeweils rund ein Fünftel der Bevölkerung in den Reformstaaten aus. In Ungarn ist der Anteil derer, die die

Marktwirtschaft mehrheitlich befürworten, gesunken; er ist mit 17 % auch weiterhin geringer als in Rußland, wo sich der Anteil der Befürworter um drei Prozent auf 19% reduziert hat.

Abbildung 6-10: Quantifizierung der Marktwirtschaftstypen

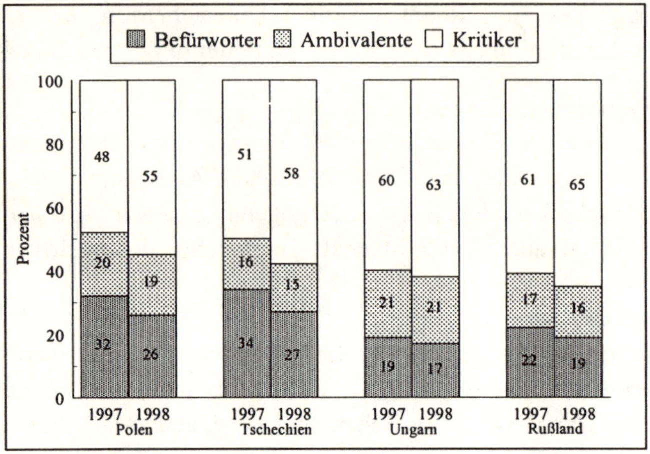

Die Ergebnisse zeigen, daß die Bevölkerung in den Reformstaaten die Marktwirtschaft als Wirtschaftssystem durchaus kritisch beurteilt. Die anfängliche 'Marktwirtschaftseuphorie' zu Beginn des Reformprozesses ist mittlerweile einer differenzierteren Sichtweise gewichen.

Die Einstellungen gegenüber der Marktwirtschaft werden zu einem großen Teil durch die Reformpolitik und ihre Erfolge bzw. Mißerfolge geprägt. Deutlich zeigt sich, daß, wenn auch die Kritik an der bisherigen Reformpolitik überwiegt, die Marktwirtschaftsbefürworter weitaus zufriedener mit dem Reformprozeß in ihren Ländern sind als die Ambivalenten und die Marktwirtschaftskritiker.

Am zufriedensten mit dem Verlauf der Reformen sind nach 1997 (54%) auch weiterhin die Marktwirtschaftsbefürworter in Polen (57%), diesmal gefolgt von Ungarn, wo 1998 37% der Marktwirtschaftsbefürworter mit den Reformen zufrieden sind (nach nur 25% in 1997). In Tschechien waren 1997 noch 44% der Marktwirtschaftsbefürworter zufrieden mit der Reformpolitik; im Laufe eines Jahres hat sich dieser Anteil auf 35% verringert, was zeigt, daß selbst unter den Personen, die hinter der Marktwirtschaft stehen, die momentane Reformpolitik auf Unmut trifft. Auch in

Rußland ist die Unzufriedenheit mit der wenig erfolgreichen und konzeptionslosen Reformpolitik selbst unter den Marktwirtschaftsbefürwortern groß. Nur noch 23%, also 6% weniger als 1997, sind mit der Reformpolitik der russischen Regierung zufrieden.

Abbildung 6-11: Zufriedenheit mit bisherigem Verlauf des Reformprozesses

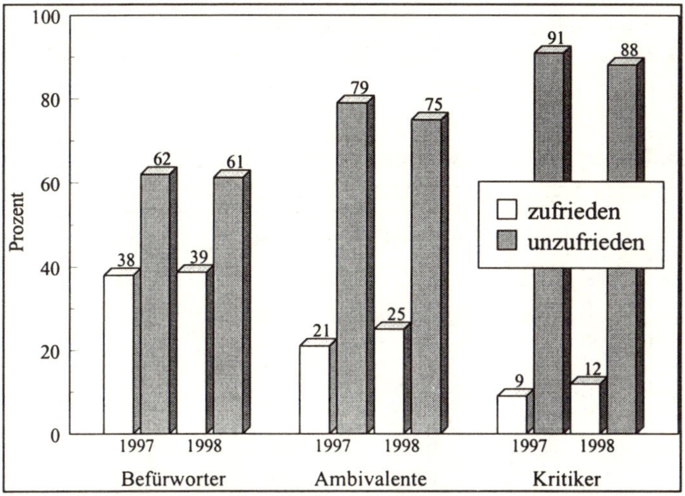

Über die richtige Reformstrategie, 'Schocktherapie' oder 'gradueller Wandel', sind sich selbst die Marktwirtschaftsbefürworter in den Reformländern uneinig. In Polen (62%) und Tschechien (55%) bevorzugen diese den radikalen, schnellen Umbruch des Wirtschaftssystems, während in Ungarn (46%) und in Rußland (54%) auch die Marktwirtschaftsbefürworter mehrheitlich für einen langsamen, graduellen Systemwechsel plädieren.

Die Zustimmung zur Schocktherapie ist in Polen aber selbst unter den Marktwirtschaftskritikern im Vergleich zu den anderen untersuchten Reformstaaten relativ hoch (32%). Sie ist sogar höher als unter den Marktwirtschaftsbefürwortern in Rußland.

Die anfangs auch in Polen heftig kritisierte Schocktherapie hat der Bevölkerung viele tiefe Einschnitte in ihre Lebensverhältnisse abverlangt und tut dies auch heute noch. Sie hat die polnische Wirtschaft nach schwierigen Jahren aber auch wieder auf einen stabilen Wachstumspfad zurückgeführt, von dem mittlerweile breite Bevölkerungsschichten profitieren können.

Natürlich stößt ein radikaler, schneller Umbruch in der Bevölkerung auch auf Unmut, da der wirtschaftliche Fall für viele tief ist und sie an den Rand ihrer Existenz gestoßen werden. Nur wenige Reformländer haben deshalb einen solchen Schritt gewagt, mit der Folge, daß durch die Verzögerung der Reformen die wirtschaftliche Situation der Bevölkerung zwar langsamer, aber dennoch stetig schlechter wurde, und ein Ende für viele nicht abzusehen ist. Die Bereitschaft, durch weitere persönliche Einschränkungen eine Beschleunigung des Reformprozesses herbeizuführen, ist in den meisten Ländern daher rückläufig, insbesondere bei den Marktwirtschaftskritikern.

Abbildung 6-12: Zustimmung zu radikalen, schnellen Reformen

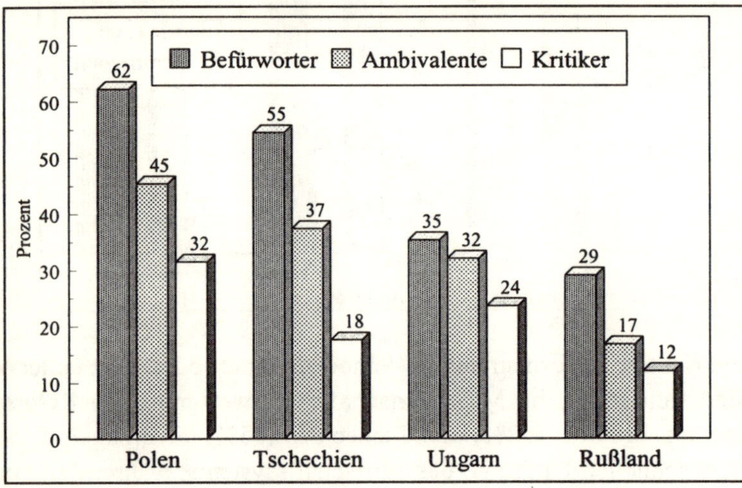

Bei der Mehrheit der Marktwirtschaftsbefürworter ist die Bereitschaft zu weiteren Einschränkungen aber weiterhin gegeben: dies äußern insgesamt 63% der Befürworter. Die Marktwirtschaftskritiker lehnen zusätzliche Opfer allerdings mehrheitlich ab (63%). Am größten ist die Bereitschaft zu weiteren Einschränkungen mittlerweile unter den polnischen Befürwortern der Marktwirtschaft (70%). Im Vergleich zum Vorjahr hat dieser Anteil um 13% zugenommen, obwohl insgesamt die Anzahl der Marktwirtschaftsbefürworter auch in Polen abgenommen hat. In Ungarn hat der Anteil der Marktwirtschaftsbefürworter, die weitere Einschränkungen akzeptieren, wenn die Reformen dadurch beschleunigt würden, ebenfalls zugenommen (von 39% 1997 auf 46% 1998). Insgesamt ist diese Bereitschaft aber immer noch deutlich geringer als in den anderen Reformländern.

Abbildung 6-13: Opferbereitschaft bei Marktwirtschaftsbefürwortern und Marktwirtschaftskritikern

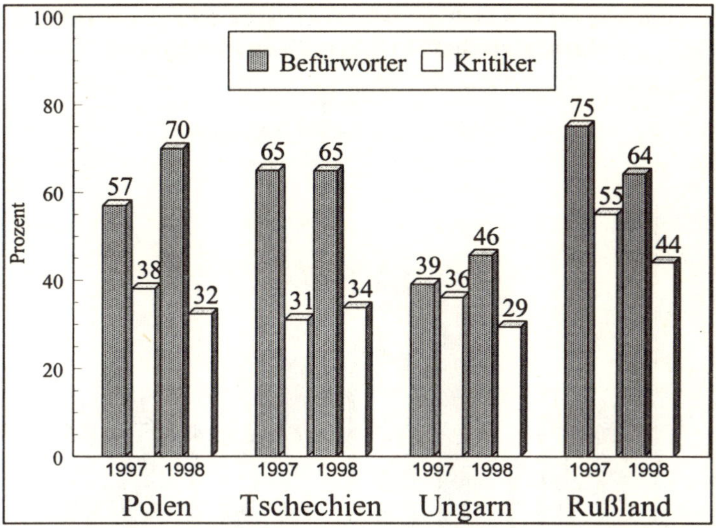

In Tschechien hat sich die Opferbereitschaft der Marktwirtschaftskritiker und -befürworter im Gegensatz zu anderen Einstellungen fast nicht verändert. Die Opferbereitschaft ist in Rußland am stärksten zurückgegangen: 20% weniger Marktwirtschaftskritiker (44%), aber auch 20% weniger Marktwirtschaftsbefürworter (55%) als im Vorjahr, wären 1998 bereit, weitere Einschränkungen für den Reformprozeß hinzunehmen. Der Vertrauensverlust in die russische Reformpolitik sowie die niedrigen Haushaltseinkommen der breiten Bevölkerung sind dafür verantwortlich. Die sprichwörtliche russische Opferbereitschaft wird seit Jahren vom Staat auf eine harte Probe gestellt. Die russische Regierung hat es bisher trotz einbehaltener Löhne und Gehälter nicht verstanden, die Finanzkrise zu lösen, insbesondere das Haushaltsbudget des Staates zu sanieren.

Eng verknüpft mit der Bereitschaft, weitere Einschnitte in die persönliche wirtschaftliche Situation hinzunehmen, ist natürlich die Frage, ob man sich diese auch leisten kann; sie ist auch abhängig von der momentanen wirtschaftlichen und finanziellen Situation der Haushalte.

Diese scheint bei den Marktwirtschaftsbefürwortern durchgängig besser zu sein als bei den Marktwirtschaftskritikern, auch wenn die Mehrheit der Gesamtbevölkerung angibt, mit dem vorhandenen Einkommen gerade auszukommen.

Abbildung 6-14: Anteil der Marktwirtschaftsbefürworter und Marktwirtschaftskritiker, die sparen können

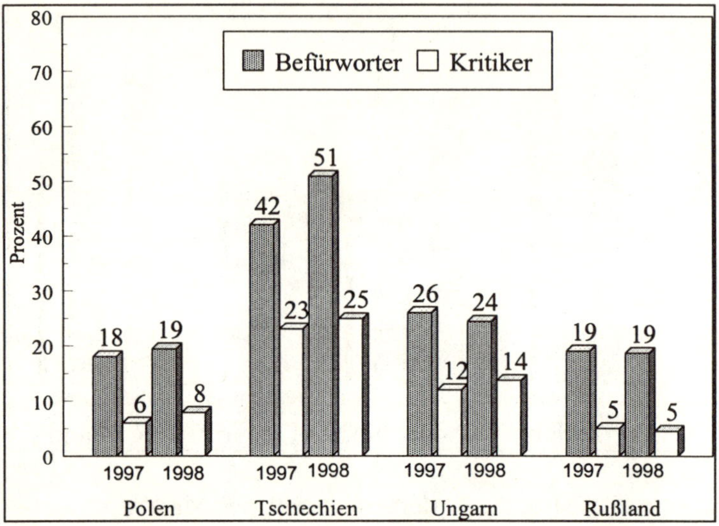

In der Einschätzung der finanziellen Haushaltssituation zeigen sich auch weiterhin deutliche Unterschiede in den untersuchten Ländern. Die mit Abstand beste finanzielle Situation bietet sich immer noch den Haushalten in Tschechien, sowohl unter den Befürwortern der Marktwirtschaft als auch unter den Kritikern; 51% bzw. 25% können sogar noch etwas von ihrem Einkommen sparen. Im Vergleich zum Vorjahr ist der Anteil der tschechischen Marktwirtschaftsbefürworter, die sparen können, sogar um annähernd 10% gestiegen.

In den anderen Ländern gibt es dagegen kaum Veränderungen. Um so bemerkenswerter ist die gestiegene Opferbereitschaft bei polnischen und ungarischen Marktwirtschaftsbefürwortern. Insbesondere in Polen und Ungarn ist die weitere Opferbereitschaft aber abhängig von der erwarteten zukünftigen Entwicklung der Haushaltseinkommen und dem Ausmaß der Zufriedenheit mit dem Verlauf der Reformen.

Abbildung 6-15: Haushaltseinkommen der Marktwirtschaftstypen

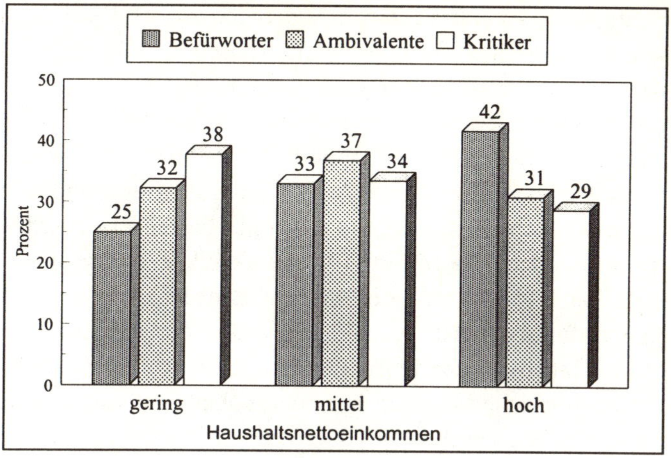

Entsprechend der eigenen Einschätzung der finanziellen Haushaltssituation lassen sich die Marktwirtschaftsbefürworter anhand des erhobenen Haushaltseinkommens mehrheitlich eher dem oberen Einkommensdrittel (42%), ein weiteres Drittel dem mittleren Einkommensdrittel zuordnen. Die Kritiker finden sich dagegen mehrheitlich im unteren Einkommensdrittel (38%), aber auch im mittleren (34%).

Die Zustimmung oder Ablehnung der Marktwirtschaft in den Reformländern wird demnach zu einem großen Teil von der persönlichen wirtschaftlichen Situation der Bevölkerung und deren Erwartungen an die zukünftige Entwicklung beeinflußt. Die wirtschaftlichen 'Gewinner' begrüßen die Marktwirtschaft natürlich eher als die wirtschaftlichen 'Verlierer', die in ihrer Einführung die Ursache für den teilweise dramatischen Rückgang des Lebensstandards sehen.

Die Beurteilung der Marktwirtschaft hängt aber nicht allein von der jeweiligen wirtschaftlichen Situation ab, sondern wird auch durch unterschiedliche Erfahrungen und Sozialisation bestimmt. Gerade die Älteren, die ihr bisheriges Leben im Sozialismus und in einer Zeit der starren Konfrontation der Systeme verbrachten, tun sich heute mit der Marktwirtschaft deutlich schwerer als die Jüngeren, die in der Marktwirtschaft vor allem die große Chance für eine bessere Zukunft sehen.

Entsprechend sind unter den Marktwirtschaftsbefürwortern deutlich häufiger jüngere Personen (Durchschnittsalter: 38 Jahren) zu finden als unter den Ambivalenten (Durchschnittsalter: 40 Jahre) und den Kritikern (Durchschnittsalter: 46 Jahre). Zudem verfügen sie deutlich häufiger über einen Hochschulabschluß bzw. Universitätsabschluß und über ein höheres Einkommen als die Ambivalenten und die Kritiker.

Zusammenfassend läßt sich festhalten, daß der Anteil der Marktwirtschaftsbefürworter in den Reformländern gesunken ist. In Tschechien und in Polen umfaßt er nun jeweils etwa ein Viertel der Gesamtbevölkerung, in Ungarn und in Rußland etwas weniger als ein Fünftel. Zur Zeit überwiegen in allen Reformländern die Marktwirtschaftskritiker. Am größten ist deren Anteil in Rußland (66%), wo die Marktwirtschaft oft als chaotisch und anarchisch empfunden wird. Auch knapp 63% der Ungarn üben heftige Kritik an der Marktwirtschaft. Im Gegensatz zu Rußland hat das marktwirtschaftliche Wirtschaftssystem in Ungarn aber eine viel längere Tradition. Die Kritik der ungarischen Bevölkerung - wie auch in geringerem Maße der tschechischen und polnischen Bevölkerung - richtet sich vor allem gegen den Sozialabbau und die schlechtere Wirtschaftslage der privaten Haushalte, für die die Marktwirtschaft verantwortlich gemacht wird.

Die Kritiker klagen über die zunehmende Einkommensdifferenzierung innerhalb der Bevölkerung, fühlen sich durch den Umbruch verunsichert und blicken besorgt in die Zukunft. Sie sehnen sich nach den alten, 'klaren' Verhältnissen zurück. Sie sind mit der Wirtschaftslage ebensowenig zufrieden wie mit der Reformpolitik. Vor allem ältere Menschen, Befragte mit niedriger Schulbildung, geringem Einkommen und/oder Bewohner ländlicher Gebiete zählen zu den Marktwirtschaftskritikern, also gerade jene, die oft auch als 'Verlierer' der Transformation bezeichnet werden.

Die Marktwirtschaftsbefürworter sind zugleich auch eher die 'Gewinner' des Transformationsprozesses und finden sich dementsprechend mit der neuen Situation besonders gut zurecht. Sie sind die Vorreiter der Marktwirtschaft und des Reformprozesses, vertrauen auf die Zukunft und glauben, daß es in der Marktwirtschaft letztlich allen besser gehen wird als früher. Im Gegensatz zu den Kritikern begrüßen sie die Einkommensdifferenzierung, nutzen die neuen Freiheiten und bauen auf Eigeninitiative. Wirtschaftslage, Reformverlauf und Zukunftsaussichten bewerten sie durchweg positiver. Die Marktwirtschaftsbefürworter sind überdurchschnittlich oft jüngere Personen und/oder Personen mit höherer formaler Bildung und höheren Einkommen. Ihre Bereitschaft, weitere Opfer zu bringen, wenn der Reformprozeß dadurch schneller zu einem Ende gebracht werden könnte, ist ungebrochen hoch. Im Gegensatz zu den Marktwirtschaftskritikern können sie sich diese Opferbereitschaft aber auch leisten.

7 Politisches Klima

Fast zehn Jahre nach dem Beginn des politischen, wirtschaftlichen und gesellschaftlichen Umbruchs in Mittelosteuropa scheint der einmal eingeschlagene Weg in Richtung Demokratie und Marktwirtschaft unumkehrbar. Dies bestätigen sowohl Aussagen von Politikern wie auch die mehrheitlichen Meinungen in der Bevölkerung.

Dennoch werden dem immer noch ungewohnten marktwirtschaftlichen und demokratischen System von vielen Bewohnern der Reformstaaten Skepsis und Mißtrauen entgegengebracht; für viele ist in der gegenwärtigen Umbruchphase voller Neuerungen und Umwälzungen eine starke und sichere Führung mit autoritären Zügen wichtiger (und vertrauter) als ein demokratisches System mit all seinen Unwägbarkeiten und Unsicherheiten. Für die politische Stabilität der Reformstaaten ist aber ein gesamtgesellschaftlicher Demokratisierungs- und ökonomischer Liberalisierungsprozeß auf lange Sicht unverzichtbar.

7.1 Politische Stabilität

Die Mehrheit der Bevölkerung in den Reformstaaten denkt, ihr Land benötige heutzutage *„eher eine starke Führung als demokratische Verhältnisse“*. In *Rußland* stimmen vier von fünf Personen dieser Meinung zu. Während die Zustimmung in der Altersgruppe ab dem 60. Lebensjahr sogar 88% erreicht, sind es unter den jüngeren bis zum 29. Lebensjahr lediglich 70%, aber damit immer noch eine deutliche Mehrheit. Auch der Bildungsgrad übt einen deutlichen Einfluß auf die Präferenz autoritärer Strukturen aus: 'nur' 68% der Akademiker ziehen eine starke Führung der Demokratie vor, aber 83% derjenigen mit Grundschulbildung. Im Vergleich zu den beiden vorangegangenen Jahren hat sich an dieser Einstellung wenig geändert: 1996 stimmten ihr 78% der Bevölkerung zu und im letzten Jahr 76%. Weitaus geringer ist dagegen die Zustimmung zu dieser Meinung in den Visegrádstaaten, allerdings wird sie auch dort von der Mehrheit der Bevölkerung getragen. So ziehen in *Tschechien* 60% autoritäre Strukturen der Demokratie vor; lediglich ein Fünftel der Befragten lehnt eine derartige Einstellung ab und 19% sind unentschlossen. Während unter den Jüngeren unter 30 jeder zweite die starke Führung bevorzugt, sind es unter denjenigen ab dem 60. Lebensjahr mehr als zwei Drittel (68%). Im vergangenen Jahr[95] erreichte der Anteil der Zustimmung 59%, es ist also keine nennenswerte Veränderung zu verzeichnen.

Abbildung 7-1: 'Starke Führung ist heute wichtiger als Demokratie'

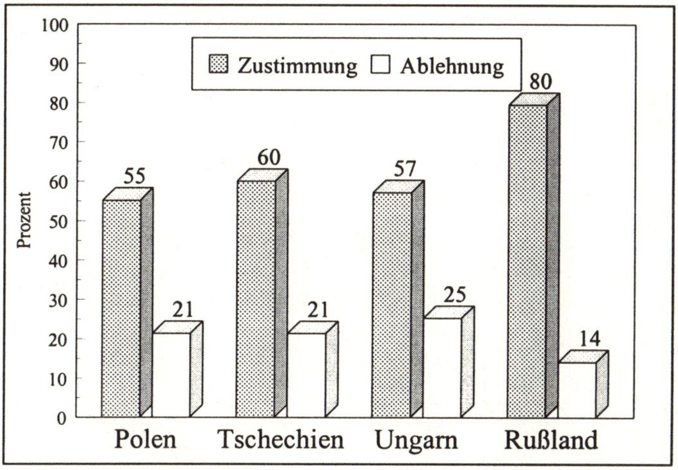

Auch in Ungarn und Polen unterstützt jeweils die Mehrheit der Bevölkerung den Vorrang der starken Führung, aber mit leicht rückläufiger Tendenz. 57% der *Ungarn* bekennen sich zur 'autoritären Demokratie', ein Viertel der Bevölkerung lehnt sie eindeutig ab und 18% sind unschlüssig. Besonders die Älteren vertreten diese Auffassung, aber stärker als der Einfluß des Alters wirkt der Einfluß der Bildung: 47% der Akademiker stim-

95 Für diese Fragen existiert nur für Rußland ein Befragungszeitpunkt im Jahr 1996.

men der Aussage zu, 50% der Absolventen höherer Schulen, 57% mit Berufsschulbildung und 64% derjenigen mit Grundschulabschluß. Im vorigen Jahr lag der durchschnittliche Anteil der Zustimmung noch bei 60%, also etwas höher, jedoch ist dieser Unterschied zu gering, um von einer positiven Entwicklung der Demokratie zu sprechen. In *Polen* ging der Prozentsatz der Befürworter einer starker Führung im gleichen Zeitraum von 59% auf 55% zurück; 21% lehnen diese Einstellung ab und 23% haben diesbezüglich keine eindeutige Meinung. Die Antwortmuster sind in Polen in soziostruktureller Hinsicht relativ homogen und weisen keine nennenswerten Unterschiede nach verschiedenen Bevölkerungsgruppen auf.

Abbildung 7-2: 'Nur ein starker Mann kann unsere Wirtschaftsprobleme lösen'

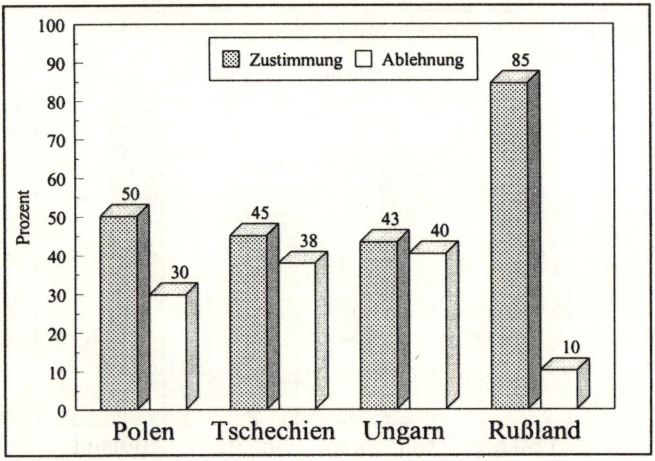

Auf eine starke Führungspersönlichkeit greifen die Menschen vor allem in Zeiten wirtschaftlicher Krisen gerne zurück. So sind 85% der *russischen* Bevölkerung davon überzeugt, *nur ein starker Mann könne die wirtschaftlichen Probleme des Landes lösen*. Vor allem Personen mit geringem Einkommen (91%) und ab dem 60. Lebensjahr (93%) sind überdurchschnittlich von der Notwendigkeit einer autoritären Führung überzeugt, aber auch Akademiker und junge Leute bis zum 29. Lebensjahr stimmen mit deutlicher Mehrheit dieser Ansicht zu. Auch in *Polen* vertritt jeder zweite die Meinung, nur ein starker Mann könne die Wirtschaft retten; 30% der Bevölkerung lehnen die These dagegen ab.

In Tschechien und Ungarn sind die Meinungen dazu eher gespalten: während 45% der *Tschechen* glauben, nur ein starker Mann könne die Wirtschaftsprobleme lösen, sind 38% eher vom Gegenteil überzeugt. Dabei spielen soziostrukturelle Merkmale nur eine sehr geringe Rolle. Noch feiner sind die Unterschiede in *Ungarn:* 43% der Bevölkerung stimmen der These zu, 40% lehnen sie ab. In Ungarn wird die Einstellung deutlich von der Bildung beeinflußt: während jeder zweite mit Grundschulabschluß von den Fähigkeiten eines starken Mannes überzeugt ist, macht der Anteil unter denjenigen mit Berufsschulabschluß nur noch 43%, mit höherer Schulbildung noch 36% und unter den Akademikern gerade mal ein Drittel aus.

Diese Präferenz für eine starke Führung ist in Polen mittelfristig rückläufig (1993 stimmten noch 65% den Fähigkeiten eines starken Mannes zu), in den übrigen Ländern dagegen hat sie zumindest kurzfristig an Bedeutung gewonnen; im Vergleich zum vergangenen Jahr stieg die Zustimmung um zwei bis drei Prozent in Rußland und Tschechien und um sieben Prozent in Ungarn.

Abbildung 7-3: 'Ruhe und Ordnung sind für unser Land wichtiger als Freiheit'

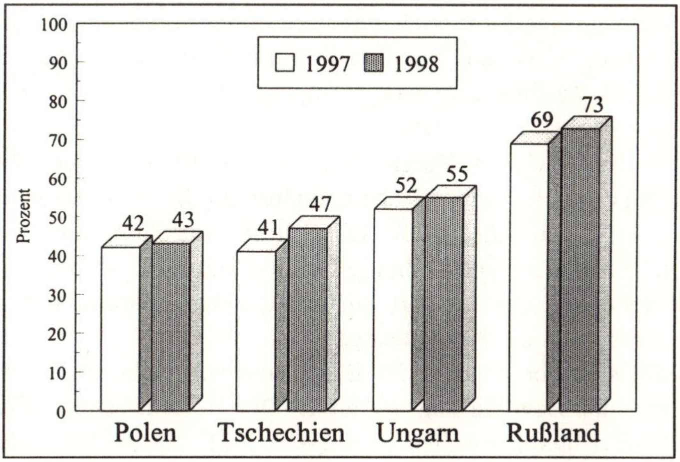

Ähnlich deutliche Unterschiede zwischen Rußland und den Visegrádstaaten betreffen die Einstellung, *Ruhe und Ordnung seien für das eigene Land wichtiger als Freiheit.* In *Rußland* stimmen dieser Meinung fast drei Viertel der Bevölkerung zu, lediglich 19% lehnen diese Einschätzung ab. Noch deutlicher wirkt sich der Einfluß des Alters aus: in der jüngsten Altersgruppe erreicht die Zustimmung 57%, in der ältesten 86%. Fast ein Drittel (31%) der Jüngeren bis zum 29. Lebensjahr ist sogar gegenteiliger Meinung. Die Freiheit wird ebenfalls umso wichtiger, je höher die schulische Bildung oder das Einkommen ist. Im Zeitvergleich hat sich das Antwortverhalten wenig verändert.

In *Ungarn* stieg der Anteil derer, die Ruhe und Ordnung für wichtiger halten als Freiheit, von 52% im vorigen Jahr auf 55%; dagegen fiel der Anteil derjenigen, die diese Meinung nicht teilen, von 31 auf 27%. Zustimmung erfährt diese Einstellung vor allem bei den älteren Bevölkerungsgruppen: ab dem 60. Lebensjahr erreicht die Zustimmung 61%, während nur 48% der unter 30jährigen Ruhe und Ordnung über die Freiheit stellen. Diese Meinung ist auch unter Personen mit geringer Schulbildung stärker verbreitet: bei den Akademikern ist die Zustimmung (44%) nur wenig höher als die Ablehnung (38%), hingegen stimmen 59% der Grundschulabsolventen für und nur 24% gegen diese Einstellung.

Deutlicher ist der Stimmungswandel in *Tschechien* erkennbar: sprachen sich 1997 41% für den Vorrang von Ruhe und Ordnung aus, so stieg dieser Anteil im Laufe eines Jahres auf 47%. Es scheint, daß ein Teil derjenigen, die im vergangenen Jahr noch unentschlossen waren, heute die innere Stabilität höher bewerten. Soziostrukturelle Unterschiede sind zwar erkennbar, in Tschechien aber weit weniger ausgeprägt als in den anderen Ländern;

In *Polen* hat sich im Vergleich zum Vorjahr wenig geändert: 42% (1997: 43%) der Polen finden Ruhe und Ordnung für ihr Land wichtiger als Freiheit, ein Drittel (1997: 37%) lehnt diese Einstellung ab.[96] Besonders wichtig scheinen Ruhe und Ordnung für die Gruppe der 45-59jährigen, von denen jeder zweite der Aussage zustimmt; unter Personen mit geringem Einkommen beträgt die Akzeptanz gar 55%.

Wie läßt sich der Anstieg der Bedeutung von Ruhe und Ordnung im Bewußtsein der Bevölkerung erklären? Die Reformstaaten, allen voran Rußland und Ungarn, machen in jüngster Zeit ungewohnte Erfahrungen mit einem Anstieg der Kriminalität, wie sie bislang nicht sichtbar war. Berichte über Bandenkriege mafiösen Ausmaßes in Rußland bestimmen seit

---

96 Vgl. zur sicherheitsorientierten Grundhaltung der Polen auch Wolf 1996.

geraumer Zeit die Berichterstattung der Medien; seit neuestem aber gerät die Kriminalität auch in Ungarn immer mehr in die Schlagzeilen. In Tschechien werden die Menschen dagegen eher von Meldungen über rechtsradikale Aktivitäten verunsichert. Bislang erreicht die Kriminalität etwa in Ungarn kein westeuropäisches Niveau, unterscheidet sich aber wohl von den Erfahrungen in der Zeit des Sozialismus - dieses gesellschaftliche Problem wurde in diesem Jahr zum ersten Mal Wahlkampfthema.

Es ist also nur allzu sehr verständlich, wenn für die Menschen die Aufrechterhaltung von Ruhe und Ordnung, das Thema der inneren Sicherheit, derzeit eine relativ große Bedeutung hat. Die Erfahrungen mit der Demokratie, insbesondere mit schnellen Regierungswechseln, Disputen und Streitigkeiten zwischen Parteien oder Politikern in aller Öffentlichkeit, sind noch ungewohnt und erzeugen in der Bevölkerung nicht gerade ein Gefühl der Sicherheit. Kriminalitätsfurcht ist ebenfalls eine relativ neue Erfahrung, die in der sozialistischen Vergangenheit keine nennenswerte Rolle spielte. Somit ist auch der Ruf nach einer starken Führung nicht verwunderlich. Was immer man über die Ära des Sozialismus heute denken mag - die gegenwärtig zunehmende Sicherheitsorientierung vieler Menschen in den Reformstaaten unterstützt die auch aus anderen Quellen genährte Nostalgie. Es wäre unrealistisch zu erwarten, daß die Menschen auf einen Streich mit allen Gewohnheiten und einzelnen positiven Erfahrungen aus der Zeit des Sozialismus brechen könnten.

7.2 Einstellungen zur Demokratie

Ruhe und Ordnung sowie eine starke Führung stehen auch für ein Gefühl der Sicherheit, die - wie im Kapitel über Wertorientierungen noch näher auszuführen ist - für die Bewohner der Reformstaaten eine eminent große Bedeutung hat. Die Verunsicherung, die der wirtschaftlichen, gesellschaftlichen und politischen Umstellung notgedrungen folgen muß, fordert auf der anderen Seite ein Mindestmaß an Orientierungssicherheit und Verhaltensstabilität; nicht zuletzt deswegen stehen Sicherheit und private Harmonie an der Spitze der Wertprioritäten (vgl. Kap. 9).

Daß damit die Demokratie nicht quasi mit dem Bade ausgeschüttet wird, zeigt die Einstellung der Bevölkerung in den Visegrádstaaten zu einer weiteren Aussage: *„Die Demokratie führt in unserem Land unausweichlich zu*

Chaos und Anarchie". 49% der *Ungarn* lehnen diese Auffassung ausdrücklich ab, vor allem jüngere Personen und Akademiker. Im Vergleich zum Vorjahr ist die Zustimmung (29%) gleich geblieben, aber die Ablehnung leicht (um 7%) zurückgegangen.

Abbildung 7-4: 'Demokratie führt in unserem Land zu Chaos und Anarchie'

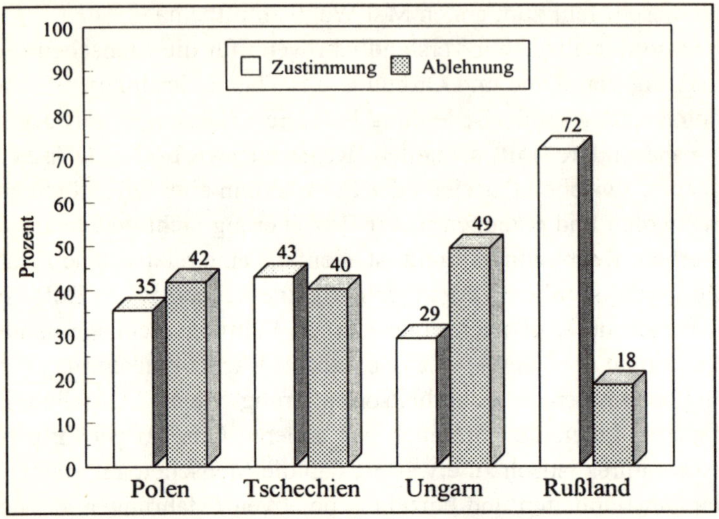

Auch in *Polen* ist der Anteil derjenigen, die diese Einstellung ablehnen, mit 42% größer als der Anteil der Befürworter (35%), obwohl der relativ geringe Unterschied von nur sieben Prozentpunkten zeigt, daß die polnische Bevölkerung in dieser Frage insgesamt eher gespalten ist. Ältere Personen, insbesondere zwischen 45 und 59, stimmen der Meinung überwiegend zu, während sich die Altersgruppe von 30 bis 44 Jahren sowie einkommensstarke Gruppen gegenteilig äußern.

In *Tschechien* lehnte im vergangenen Jahr ebenfalls eine Mehrheit von 43% der Bevölkerung diese Einstellung ab, während sich eine starke Minderheit von 37% davon überzeugt zeigte, Demokratie führe in Tschechien unweigerlich zu Chaos und Anarchie. Diese Sichtweise hat im Laufe des vergangenen Jahres mehr und mehr Anhänger gefunden und ist in diesem Jahr zu einer leichten Mehrheit von 43% angewachsen. 40% wenden sich gegen diese Einstellung und 17% enthalten sich einer Meinungsäußerung. Die Gegner dieser Ansicht sind besonders unter den Jüngeren und Akademikern zu finden, während Personen ab dem 60. Lebensjahr, solche mit Grundschulbildung oder mittlerem Einkommen diese Meinung überdurchschnittlich oft teilen.

Die geringen Unterschiede zwischen Befürwortern und Gegnern in Polen und Tschechien zeigen, daß diese Meinung in beiden Ländern ambivalent vertreten wird. Von den Erfahrungen mit der Demokratie in den kommenden Jahren wird es abhängen, ob sich diese demokratischen Tendenzen konsolidieren lassen, was für die politische Stabilität dieser Länder von eminenter Wichtigkeit ist.

Anders als in den Visegrádstaaten zeigt sich in *Rußland* ein unverhohlenes Mißtrauen gegenüber der Demokratie. Nahezu drei von vier Russen meinen, die Demokratie führe in ihrem Land unausweichlich zu Chaos und Anarchie. Nur 18% sind gegenteiliger Meinung, während 10% (nur etwa halb so viel wie in den Visegrádstaaten) keine Meinung haben. Besorgniserregend ist vor allem, daß die Befürworter der These in den vergangenen Jahren immer zahlreicher geworden sind: 1996 vertraten 63% diese Ansicht, im vorigen Jahr waren es genau zwei Drittel der Bevölkerung und nun fast drei Viertel. Der Anteil der Gegner dieser These sank im gleichen Zeitraum von 27% über 23% auf 18%. Auch in Rußland lassen sich die bekannten soziodemographischen Einflüsse erkennen: so stimmen 61% aus der jüngsten, aber 83% aus der ältesten Befragtengruppe der Behauptung zu. Überdurchschnittlich zugestimmt wird dieser Einstellung auch von Grundschulabsolventen, den einkommensschwachen Gruppen sowie der ländlichen Bevölkerung. Zwar gibt es keine Bevölkerungsgruppe, in der nicht die Mehrheit der These zustimmt, aber im Grad der Zustimmung variieren die Gruppen erheblich.

Daß die vom Reformprozeß benachteiligten Gruppen - ältere, einkommensschwache Menschen mit geringer formaler Bildung - die derzeitige Lage in Rußland anders beurteilen als die 'Reformgewinner', scheint selbstverständlich. Erklärungsbedürftig ist hingegen, weshalb selbst die Reformgewinner mehrheitlich die Demokratie derart negativ beurteilen. Die Ursache dafür ist im gegenwärtigen Erscheinungsbild der Demokratie in Rußland zu suchen[97]. Was der russischen Bevölkerung seit geraumer Zeit als Demokratie präsentiert wird, hat nur wenig mit demokratischen

97 Vgl. dazu auch Haarland/Niessen 1997.

Verhältnissen westeuropäischer Gesellschaften gemein. Der ständige Machtkampf zwischen Regierung und Parlament (Duma), die personen- statt parteienorientierte politische Landschaft, der mächtige Einfluß weniger oligarchischer Gruppen, die Konzentration der Macht in Finanz-Industrie-Komplexen, die umstrittenen dubiosen Privatisierungspraktiken, Vetternwirtschaft, einflußreiche Verbindungen zwischen Politik und Mafia, zunehmende Kriminalität, die um sich greifende Verarmung breiter Bevölkerungsschichten bei gleichzeitig offen zur Schau gestelltem Reichtum der 'Neuen Russen' - dies alles schafft ein denkbar negatives Demokratiebild in der russischen Bevölkerung, die sich doch eine substantielle Verbesserung ihrer Lebensverhältnisse von ihr erwartet hatte. Äußerungen wie die des Ex-Generals und neuen Gouverneurs von Krasnojarsk, Alexander Lebed, Rußland sei noch nicht reif für die Demokratie, werden vor diesem Hintergrund verständlich.

Abbildung 7-5: 'Nur die alte Nomenklatura profitiert von der Marktwirtschaft'

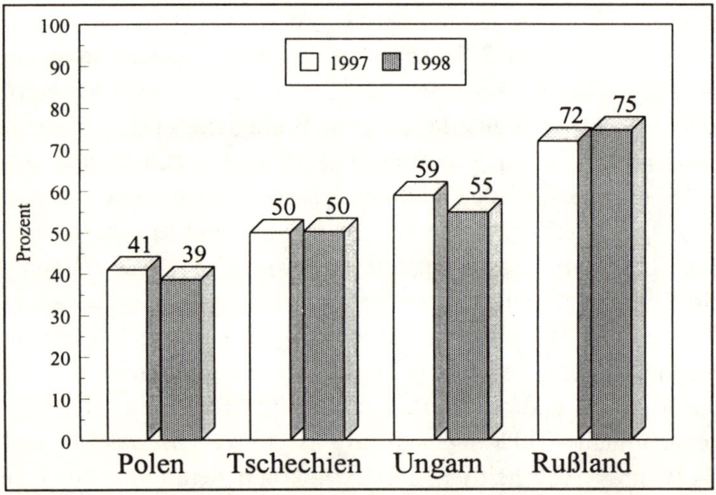

Eine weitere Erklärung für das schlechte Demokratiebild ist die Tatsache, daß drei Viertel der russischen Bevölkerung davon überzeugt sind, von der *Marktwirtschaft profitiere sowieso nur die alte Nomenklatura*; in der älteren Bevölkerung (ab dem 60. Lebensjahr) steigt dieser Anteil sogar auf 83%. Andere Untersuchungen kommen auch zu dem Ergebnis, daß sich die heutige russische Elite zu zwei Dritteln bis drei Vierteln aus Angehörigen der alten sowjetischen Nomenklatura zusammensetzt.[98] Überdurchschnittlich stark verbreitet ist diese Kritik in Bevölkerungsschichten mit niedriger formaler Bildung oder niedrigem Einkommen, aber auch Akademiker, Einkommensstarke und die jüngste Altersgruppe sind mehrheitlich von der Richtigkeit dieser Bewertung überzeugt. In den letzten Jahren hat sich diese Einschätzung eher gefestigt: 1996 fand diese Ansicht nur 70% und im vorigen Jahr 72% Zustimmung. Der Oppositionspolitiker Jawlinskij bezeichnet Rußland heutzutage als „Rohstoff-Oligarchie“[99], in der Macht und Geld fusioniert haben. Ähnlich wie in Südkorea oder Indonesien herrsche in Rußland „Kapitalismus im kleinen Kreis“[100], eine ausgeprägte Vetternwirtschaft.

In den Visegrádstaaten wird diese Ansicht zwar deutlich weniger vertreten, stellt aber dennoch die Meinung der Mehrheit dar: 55% der *Ungarn,* besonders stark die mittlere Altersgruppe zwischen 45 und 59 Jahren sowie Personen mit Grundschulbildung, beruflichem Schulabschluß oder geringem Einkommen, glauben ebenfalls, nur die alte Nomenklatura profitiere von der Marktwirtschaft. Der Durchschnittswert für die Gesamtbevölkerung Ungarns ist seit dem Vorjahr leicht zurückgegangen. Hintergründe für die relativ weite Verbreitung dieser Meinung sind wohl vor allem in der „spontanen“ Privatisierung gegen Ende der achtziger Jahre zu suchen, in deren Verlauf viele ehemals hochrangige Führungspersonen ihre Position und ihr Wissen in Kapital ‘konvertierten’.[101]

In *Tschechien* glaubt wie im Vorjahr jeder zweite, daß die Marktwirtschaft nur denjenigen nützt, denen es bereits im Sozialismus gut ging; lediglich ein Drittel der Tschechen ist gegenteiliger Meinung. Ambivalenz kennzeichnet die Verteilung in *Polen*: dort stimmen 39% der Aussage zu, während 34% die Ansicht ablehnen und 27%, deutlich mehr als in den übrigen Staaten, sich in der Bewertung unsicher sind. Auch in Tschechien

98 Vgl. Kukolev/Stykow 1996, S. 99f.; Schröder 1997, S. 269.

99 Interview mit Jawlinskij in: Die Woche, 31.7.98, S. 21.

100 Ein Zitat, das auf IWF-Direktor Michel Camdessus zurückgeht; vgl. ebd.

101 Vgl. zur ‘Konversion’ von Eliten u.a. Kukolev/Stykow 1996, S. 97f. und zu den Vorgängen in Ungarn Józsa 1997, S. 169f.

und Polen ist die Meinung vor allem unter den typischen Reformverlierern vergleichsweise weit verbreitet.

Verantwortlich für diese 'Demokratieskepsis' ist selbstverständlich auch der unterschiedliche Entwicklungsstand der demokratischen Institutionen in den Reformstaaten. So können die politischen Parteien noch nicht als wirkliche Interessenvertreter gelten, sondern sind eher „gesellschaftlich relativ isolierte Organisationen mit geringen Ressourcen"[102].

Abbildung 7-6: Zufriedenheit mit der Demokratisierung (1996 - CEEB7)[103]

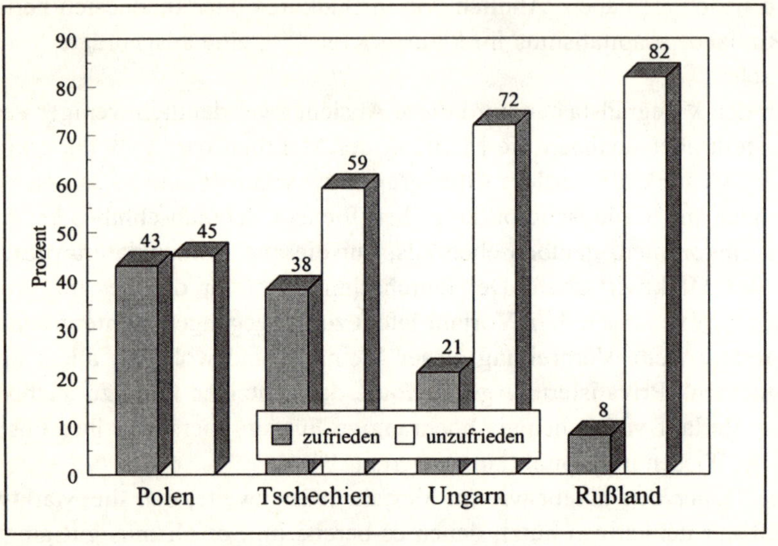

Die Bevölkerung in den Reformstaaten Mittel- und Osteuropas ist nicht nur unzufrieden mit dem Verlauf des Transformationsprozesses, sondern auch mit dem derzeitigen Erscheinungsbild der Demokratie. Dies zeigen auch die Ergebnisse des *Central and Eastern Eurobarometer* (CEEB) No. 7 von 1996: 82% der russischen Bevölkerung äußern sich unzufrieden mit der Entwicklung der Demokratie in ihrem Land, ebenso 72% der Ungarn und

102 Juchler 1997, S. 901.

103 Nach Daten des Central and Eastern Eurobarometer (CEEB), No. 7, March 1997, 20 Countries Survey, European Commission 1997.

immerhin noch 59% der tschechischen Bevölkerung. In Polen ist dieser Anteil mit 45% am geringsten, woraus man schließen kann, daß die Verankerung der Demokratie in der Bevölkerung Polens vergleichsweise am weitesten vorangeschritten ist.

Abbildung 7-7: Zufriedenheit mit der Entwicklung der Demokratie im Zeitverlauf (Prozentsatzdifferenzen) **CEEB7** [104]

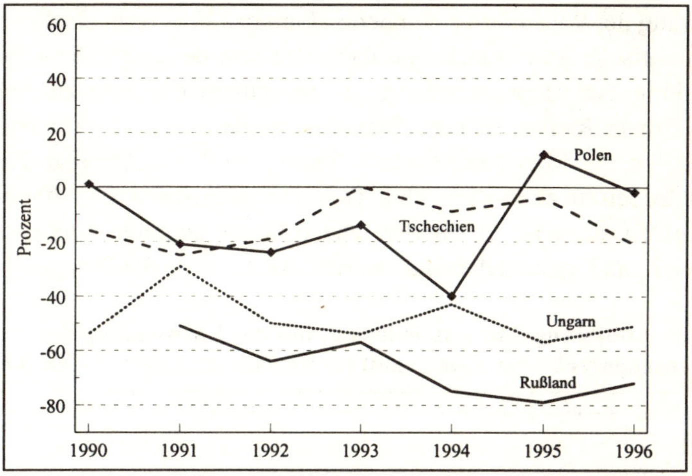

Betrachtet man die Entwicklung der Demokratiezufriedenheit in den Reformstaaten im Zeitverlauf, so zeigt sich, daß die Zufriedenheitswerte seit Beginn des Transformationsprozesses relativ niedrig waren und zunächst mit Ausnahme von Tschechien erst einmal gesunken sind. Nach 1990 weist lediglich Polen in einem Jahr, nämlich 1995, positive Prozentsatzdifferenzen auf, d.h. nur 1995 war der Anteil der Zufriedenen größer als der Anteil der Unzufriedenen. Nach einigen Jahren stabilisierte sich der Grad der Unzufriedenheit auf relativ niedrigem Niveau bzw. zeigte nur eine leichte Verbesserungstendenz. In Tschechien ist die Demokratiezufriedenheit seit Beginn der 90er Jahre im Vergleich zu den anderen Reformstaaten am

104 Nach Daten des CEEB 1997; die Prozentsatzdifferenz wird errechnet aus dem Prozentsatz derer, die Zufriedenheit äußern, abzüglich dem Prozentsatz derer, die sich unzufrieden äußern; Bsp. Polen: 43% Zufriedene minus 45% Unzufriedene ergibt -2% als Nettobetrag.

höchsten, sie fällt aber nach 1995 wieder ab. Polen hat seinen Tiefpunkt von 1994 überwunden und weist einen gleich hohen Anteil von Demokratiezufriedenheit und -unzufriedenheit auf. Die ungarische Bevölkerung zeigt sich über den ganzen Beobachtungszeitraum unzufrieden mit der Demokratieentwicklung. Aufgrund der jüngsten TBO-Ergebnisse läßt sich für Ungarn aber mittelfristig ein leichter Aufwärtstrend erwarten. Das Schlußlicht bildet auch hier Rußland, wo die ohnehin schlechte Ausgangslage Anfang der 90er Jahre sich nochmal um ca. 20% verschlechtert hat.

Die politische Stabilität hängt aber auch von der Zufriedenheit mit der Entwicklung der Menschenrechte ab. So äußern die meisten Polen und noch viel mehr Russen eine größere Unzufriedenheit als Zufriedenheit mit der Situation der Menschenrechte in ihrem Land. Ungarn und Tschechen dagegen äußerten zu Beginn des Transformationsprozesses überwiegend Zufriedenheit; diese ist aber in den letzten Jahren deutlich zurückgegangen: Zufriedene und Unzufriedene halten sich mittlerweile die Waage.

Abbildung 7-8: Zufriedenheit mit der Entwicklung der Menschenrechte im Zeitverlauf (Prozentsatzdifferenzen) **CEEB7**[105]

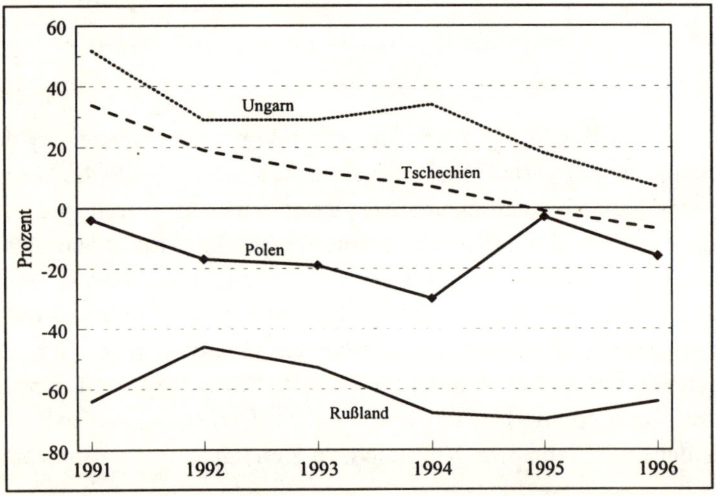

105 Nach Daten des CEEB 1997.

Abbildung 7-9: Zufriedenheit mit der Entwicklung des Landes im Zeitverlauf (Prozentsatzdifferenzen) **CEEB7**

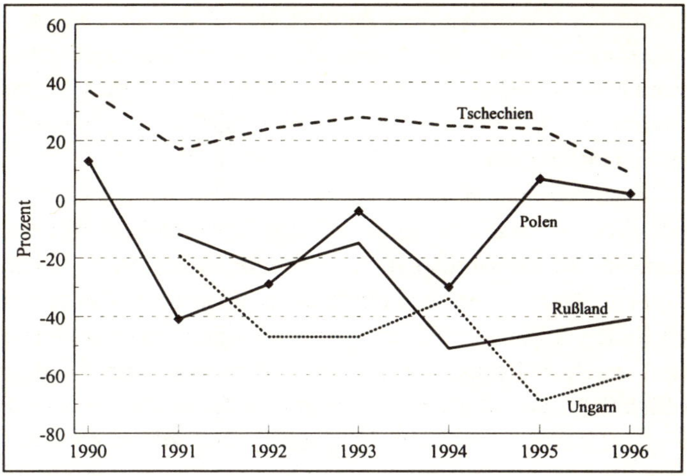

Auf die allgemeine Frage, *ob die Dinge im Lande in die richtige oder die falsche Richtung laufen*, antwortete die Mehrheit der tschechischen Bevölkerung über vier Jahre mit einer im Vergleich zu den anderen Ländern hohen Zustimmung zur Entwicklung im Lande. In den übrigen Ländern ist die Zufriedenheit mit der Entwicklung im eigenen Land, zum Teil weitaus (Ungarn, Rußland) schlechter.

Die Ergebnisse zeigen, daß die Bevölkerung der Transformationsstaaten, zumindest in der derzeitigen Lage, autoritären Führungen mehr Kompetenz zuzutrauen scheint als demokratischen Institutionen. Für den politischen Entwicklungszustand vieler osteuropäischer Reformstaaten wurde daher der Begriff der plebiszitär-autoritären Demokratie als angemessen bezeichnet.[106] Vor diesem Hintergrund wird auch der Ruf nach einer starken Führungspersönlichkeit in der Bevölkerung verständlich.

In dieses Bild fügt sich die derzeitige Rolle der politischen Parteien, die noch nicht in der Lage sind, ihre genuin demokratische Mittlerfunktion zwischen Volk und Regierung zu erfüllen. Empirische Erhebungen in vielen mittel- und osteuropäischen Reformstaaten zeigen, daß den Parteien im

106 Vgl. Juchler 1997, S. 899.

Vergleich mit anderen staatlichen und nicht-staatlichen Institutionen überall das geringste Vertrauen zugesprochen wird.[107]

Aber nicht nur die politischen Parteien haben derzeit noch eine relativ geringe Vertrauens- und Legitimationsbasis; keine gesellschaftliche Institution genießt in Mittel- und Osteuropa ein nennenswertes Vertrauen bei der Bevölkerung. Am besten schneiden noch das Militär als staatliche und die privaten Unternehmer als nicht-staatliche Institution ab.[108] Was sich mittlerweile immer stärker als sozialstruktureller Mangel erweist, ist die fehlende *zivilgesellschaftliche* Entwicklung. Die gesellschaftliche Ausdifferenzierung in die mannigfachen Interessenorganisationen und Institutionen, die typisch sind für entwickelte Demokratien und Marktwirtschaften, steht noch in den Anfängen. Ebenso wie eine funktionierende Parteienlandschaft sind zivilgesellschaftliche Institutionen als Bindeglied zwischen Bürgern und Staat erforderlich; hier wie dort fehlen historische Entwicklungen und Erfahrungen auf dem Weg zu einer Zivilgesellschaft, die sich aus intermediären Strukturen zwischen 'oben' und 'unten' zusammensetzt.

Zwar entstanden in den Jahren kurz vor dem Umbruch vor allem in den Visegrádstaaten zivilgesellschaftliche Konzeptionen als Alternative zum realen Sozialismus, die auch in der Zeit des Umbruchs erneut diskutiert wurden, aber der wirtschaftliche Transformationsprozeß trat bald derart in den Vordergrund, daß diesen gesellschaftspolitischen Konzeptionen nur noch der Rang akademischer Diskurse zukam. Für die schnelle Implementation marktwirtschaftlicher Institutionen mit all ihren sozial differenzierenden Entwicklungen mag dieser gesellschaftliche Diskurs eher hinderlich sein - für die Herausbildung eines stabilen politischen Systems wird die Beantwortung dieser Fragen über kurz oder lang jedoch unumgänglich sein.

Auf der anderen Seite zeigt sich aber schon eine wachsende Akzeptanz demokratischer Institutionen durch die Bevölkerung bei den politischen Wahlen. Der für die Demokratie typische Regierungs- und Machtwechsel als Resultat des artikulierten Wählervotums funktioniert in den Reformstaaten, wie ein Blick auf die Parlamentswahlen seit 1989 zeigt:

---

107 Vgl. ebd., S. 903

108 Vgl. ebd., S. 904.

Fast alle Parlamentswahlen in den Visegrádstaaten seit 1989 führten zu einem Machtwechsel, verbunden mit einer politischen Richtungsänderung: bestand die Regierung aus einer 'Links-Regierung', so führte die folgende Parlamentswahl zu einem Richtungswechsel hin zur 'Mitte' oder nach 'Rechts' und umgekehrt. Der hohe Anteil der Wechselwähler in Osteuropa gab Parteien des jeweils anderen politischen Lagers eine Chance.[109] Da sich in den Visegrádländern aber die großen Parteien aus allen politischen (auch den postkommunistischen) Lagern den Reformen verschrieben haben, blieb eine gewisse politische Stabilität gewahrt, wenn auch mit unterschiedlicher Akzentuierung.

Tabelle 7-1: Machtwechsel bei Parlamentswahlen 1989-1998[110]

	1989	1990	1991	1992	1993	1994	1995	1996	1997	1998
Polen	MWm		MWr		MWl				MWr	
Tschechien		MWm		MWr				Kr		MWl
Ungarn		MWr				MWl				MWr
Rußland		Ka			Ke		Ke			

MW: Machtwechsel; ...l: nach 'links', ...r: nach 'rechts', ...m: nach 'Mitte' orientiert; **K**: Kontinuität; ...a: absolute (gleiche Regierung/Koalition, inkl. absoluter Parlamentsmehrheit), ...r: relative (gl. Reg./Koal., ohne Parl.mehrheit), ...e: eingeschränkte (ähnl. Regierung, aber mit Änderungen)

In Rußland dagegen kam es aufgrund des 'Superpräsidialismus'[111] trotz deutlicher Verschiebungen bei den Parlamentswahlen nicht zu einem Machtwechsel auf Regierungsebene, wohl aber zu populistisch motivierten Kursänderungen der Politik: Reformschübe (insbesondere die schocktherapie-ähnliche Politik des Reformers der ersten Stunde, Jegor Gajdar) wurden aufgrund von Protesten der Bevölkerung unterbrochen und nivelliert, und es kam zu Regierungsumbildungen (Entmachtung Gajdars und Tschubaijs'), die aber auch unabhängig von Parlamentswahlen durchgeführt wurden (Entmachtung Tschernomyrdins, Aufnahme neuer reformorientierter Politiker in die Regierung). Nach einer gewissen Beruhigungsphase wurden aber auch zuvor bei der Bevölkerung in Ungnade gefallene Re-

[109] Vgl. ebd., S. 911.

[110] Nach Juchler 1997, S. 910; 1997 und 1998: eigene Ergänzungen.

[111] Vgl. Haarland/Niessen 1997, S. 104ff.

formpolitiker in die Regierung zurückberufen (z.B. Tschubaijs), um den Reformprozeß wieder voranzutreiben.

Durch demokratische Wahlen ausgelöste Regierungswechsel gehören zum Alltag demokratischer Gesellschaften. Überdies stellen sie institutionalisierte und legitimierte Machtwechsel dar, die auch gesellschaftliche und politische Spannungen reduzieren können.[112] Dies ist gerade für die infolge des Transformationsprozesses entstehenden Konflikte von großer Bedeutung. Eine solche Reduktion von sozialen und politischen Spannungen erhöht langfristig die Stabilität des Systems. Es bleibt zu hoffen, daß die demokratischen Institutionen, vor allem in Rußland, sich zukünftig durchsetzen können. Dies wird aber nicht ohne die derzeit noch zu wenig beachteten informellen Institutionen und nicht ohne eine zivilgesellschaftliche Entwicklung möglich sein; eine zentrale Voraussetzung bleibt die deutliche Verbesserung der Demokratiezustimmung und -akzeptanz der Bevölkerung selbst.

---

[112] Vgl. ebd., S. 912.

8 Osterweiterung von EU und NATO

Erstmals im TBO 1998 wurden auch Einstellungen zur sogenannten Osterweiterung der Europäischen Union und des nordatlantischen Verteidigungsbündnisses NATO gestellt. Während die Bevölkerung der Visegrádstaaten nach ihrer Bereitschaft zum Beitritt und den erwarteten Folgen einer EU-Mitgliedschaft befragt wurde, sollte die russische Bevölkerung ihre Sichtweise zu den jüngsten bündnispolitischen Entwicklungen der ehemaligen sozialistischen 'Bruderstaaten' schildern.

8.1 Einstellungen zur Osterweiterung in den Visegrádstaaten

8.1.1 Einstellung zum NATO-Beitritt

Die Bevölkerung der Visegrádstaaten Polen, Tschechien und Ungarn plädiert mit eindeutiger Mehrheit für die Aufnahme ihrer Länder in das nordatlantische Verteidigungsbündnis (vgl. Abb. 8-1). Am stärksten ist dieser Wunsch offenbar in *Polen*, wo 70% für den NATO-Beitritt plädieren; nur 14% sprechen sich gegen den Beitritt aus und 17% enthalten sich der Meinung. Auch die *Ungarn* sind zu zwei Dritteln für den NATO-Beitritt, ein Fünftel äußert sich dagegen und 14% sind weder dafür noch dagegen. Eher verhalten ist die Reaktion in *Tschechien*: zwar strebt jeder zweite den Beitritt an, doch ist der Anteil der Beitrittsgegner mit 29% mehr als doppelt so hoch wie in Polen und deutlich höher als in Ungarn.

In allen Ländern zeigen sich ähnliche Tendenzen in der Frage der NATO-Mitgliedschaft nach soziodemographischen Merkmalen: Männer weisen eine höhere Akzeptanz auf als Frauen, Jüngere stimmen eher für den Beitritt als Ältere (vor allem in Polen und Ungarn) und die Befürwortung steigt mit der Schulbildung und dem verfügbaren Einkommen. In Tschechien und Ungarn ist die Akzeptanz am höchsten in den Hauptstädten; in Polen kommt der Ruf nach einem NATO-Beitritt vornehmlich aus den Städten, mit Ausnahme der Hauptstadt Warschau, wo der Beitritt am wenigsten gewünscht wird.

Abbildung 8-1: Einstellungen zum NATO-Beitritt

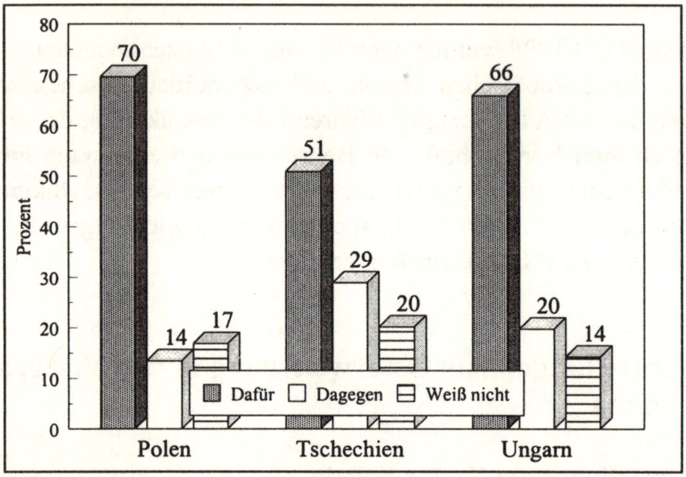

Zu ähnlichen Ergebnissen wie das TBO 1998 kommt eine Bevölkerungsumfrage vom Frühjahr 1996 (Abb. 8-2), in der sich 72% der Polen für die NATO-Mitgliedschaft und nur 12% dagegen aussprachen. In Tschechien machte die Zustimmung zum Beitritt damals noch 57% aus, während ein gutes Viertel sich gegen die Mitgliedschaft entschied. In Ungarn plädierte nur jeder zweite für und jeder dritte gegen die Mitgliedschaft im Verteidigungsbündnis.

Laut *Central And Eastern Eurobarometer* (CEEB) No. 7 (im November 1996 im Auftrag der Europäischen Kommission erhoben) hätten bei einer fiktiven Volksabstimmung 65% der polnischen Bevölkerung, 28% der Tschechen und 32% der Ungarn für die Aufnahme ihres Landes in das Verteidigungsbündnis der NATO gestimmt (Abb. 8-3). In Polen decken sich die Zahlen in etwa mit dem Grad der Zustimmung zu einem potentiellen NATO-Beitritt, wie er im TBO und im Frühjahr 1996 gemessen wurde.

Abbildung 8-2: Einstellungen zum NATO-Beitritt (April/Mai 1996)[113]

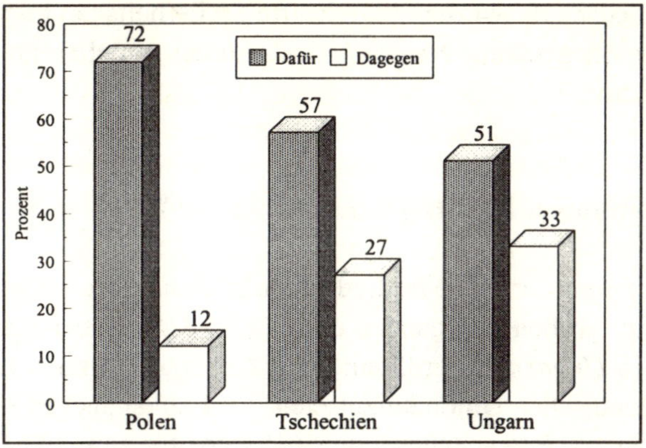

Abbildung 8-3: Reaktion bei einer (fiktiven) Volksabstimmung über einen Beitritt zur NATO (CEEB7 - Nov. 1996)[114]

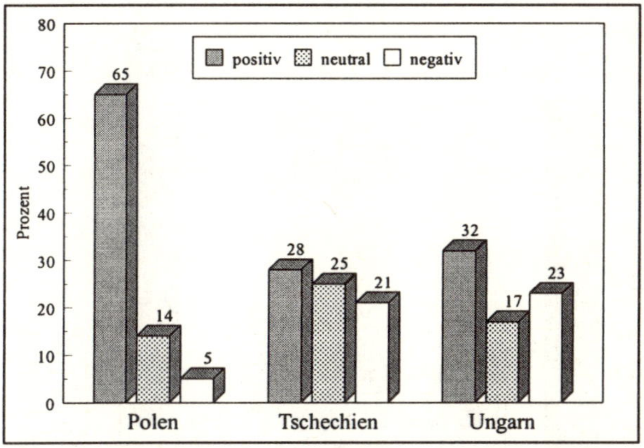

Deutlich schlechter fiel dagegen im CEEB7 die Bewertung eines möglichen NATO-Beitritts bei den Ungarn aus: nur ein Drittel hätte *für* und etwa ein Viertel *gegen* den Beitritt gestimmt. In Tschechien waren die Unterschiede geringer und eher ambivalent: die Differenz zwischen Beitrittsbe-

113 Quelle: Narodna obroda vom 2.1.1997; nach Oschlies 1997, S. 156.

114 Nach Daten des CEEB 1997.

fürwortern und -gegnern betrug lediglich 7%. Als Hauptgründe *für* eine NATO-Mitgliedschaft wurden die erhoffte Sicherheitsgarantie und Stabilität in der Region genannt; Neutralitätsprinzipien sprachen am ehesten *gegen* einen Beitritt.[115]

8.1.2 Einstellungen zur Mitgliedschaft in der EU

Auch in der Frage der EU-Mitgliedschaft sind sich die Polen, Tschechen und Ungarn im großen und ganzen einig (Abb 8-4). Hier ist der Anteil der Befürworter in *Ungarn* am größten: 70% der Ungarn finden es erstrebenswert, der Europäischen Union beizutreten, 11% sind dagegen und 20% sind ohne Meinung. In *Polen* äußern sich 61% positiv zum EU-Beitritt, 19% negativ und 20% äußern keine Meinung.

Abbildung 8-4: Einstellung zum EU-Beitritt

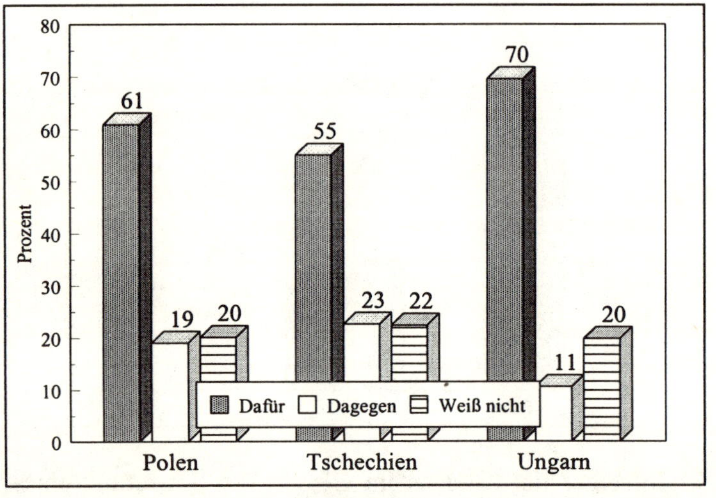

Dagegen wünscht nur etwas mehr als die Hälfte der *Tschechen* (55%) die Aufnahme in die Europäische Union, 23% sprechen sich gegen diesen Schritt aus und 22% enthalten sich der Stimme. Es ergeben sich die glei-

---

[115] Vgl. CEEB 1997.

chen Antwortmuster wie in der Frage des NATO-Beitritts: befürwortet wird die EU-Integration vor allem von männlichen, jüngeren, gut ausgebildeten und gut verdienenden Personen in den Metropolen, also Bevölkerungsgruppen, die man auch ansonsten als Avantgarde des demokratischen und marktwirtschaftlichen Transformationsprozesses bezeichnen kann.

Abbildung 8-5: Image der Europäischen Union (CEEB7 - 1996)[116]

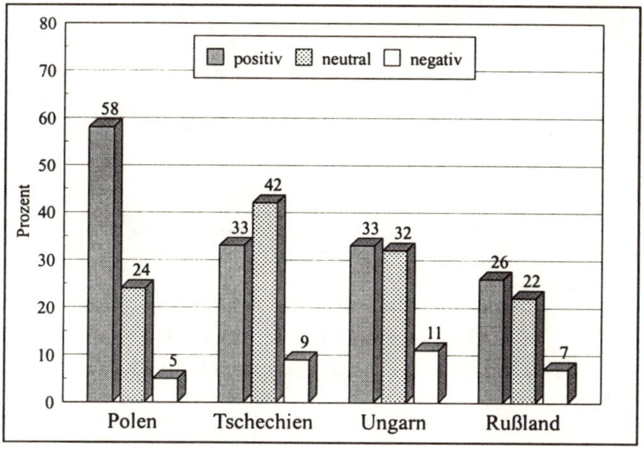

1996 wurde im Rahmen des CEEB 7 auch das Image der Europäischen Union in mittel- und osteuropäischen Reformstaaten erhoben. Dabei erzielte die EU in Polen mit Abstand das beste Ergebnis. Knapp 60% der polnischen Bevölkerung äußerten, sie hätten einen positiven Eindruck von den Zielen und Aktivitäten der Europäischen Union. Jeweils ein Drittel der tschechischen und ungarischen Bevölkerung bewertet dies genauso. In Rußland überwiegt der Anteil der Meinungslosen und nur ein gutes Viertel äußert positive Bewertungen.

Im Zeitverlauf ist deutlich erkennbar, daß sich lediglich in der polnischen Bevölkerung seit 1993 (bis 1996) das EU-Image verbessert hat, während für die übrigen Staaten eine stetige Verschlechterung registriert werden muß. Zwar überwiegt immer noch der positive Eindruck, aber im Laufe der letzten Jahre scheint eine Ernüchterung um sich gegriffen zu haben.

116 Nach Daten des CEEB 1997.

Abbildung 8-6: Image der EU im Zeitverlauf von 1990-1996 (CEEB)
(Prozentsatzdifferenzen: positive Bewertung minus negativer Bewertung)[117]

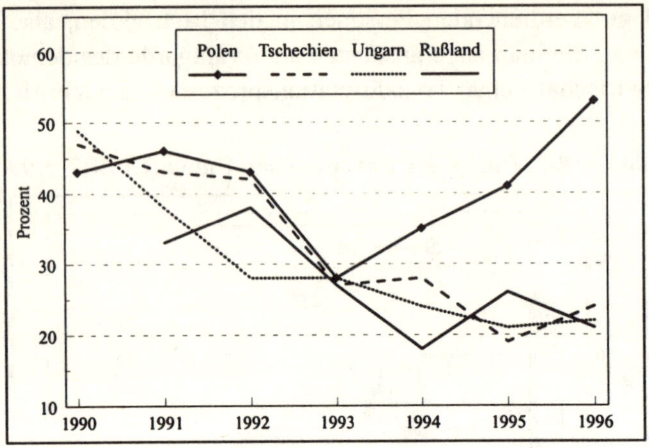

Abbildung 8-7: Entwicklung des wirtschaftlichen Wohlstands durch EU-Beitritt

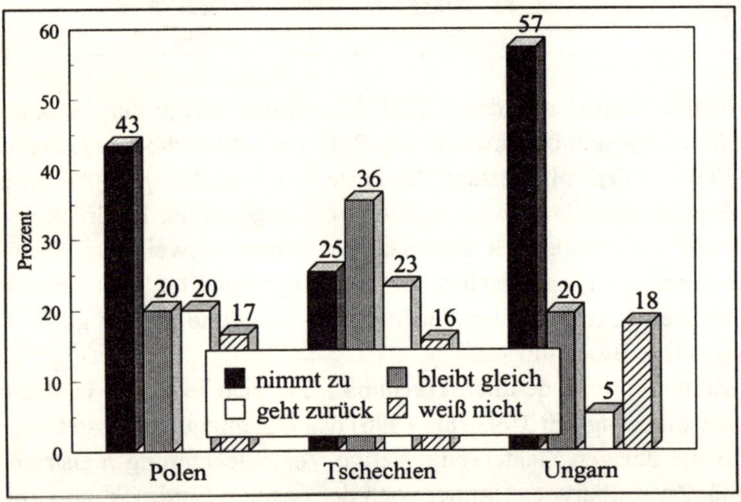

117 Nach Daten des CEEB 1997.

Die starke Unterstützung des EU-Beitritts durch die ungarische Bevölkerung (deutlich stärker als in Polen oder Tschechien) läßt sich vor allem mit den Erwartungen erklären, die an das neue Bündnis geknüpft werden. 57% der Ungarn erhoffen sich durch die Mitgliedschaft in der EU einen Anstieg des *wirtschaftlichen Wohlstands*; darauf bauen in Polen gerade mal 43%, während die Mehrheit der Tschechen (36%) von einer gleichbleibenden Entwicklung ausgeht - dort rechnen etwa gleichviele mit einer Steigerung bzw. einem Rückgang des Wohlstandes durch den EU-Beitritt. Einmal mehr sind es die typischen Gewinner des Transformationsprozesses, die optimistische Erwartungen hegen; besonders deutlich in Polen und Ungarn, weniger in Tschechien.

Hohe Erwartungen haben die Ungarn auch im Hinblick auf die zukünftigen *Absatzmöglichkeiten ihrer Industrie*: 58% der Ungarn glauben, daß sich diese im Zuge der EU-Mitgliedschaft verbessern werden. In der jüngsten Altersgruppe (unter 30 Jahren) und unter den Einkommensstarken steigt dieser Anteil auf etwa zwei Drittel der Bevölkerung; Akademiker sind sogar zu 73% von dieser Verbesserung überzeugt. Weitaus zurückhaltender sind dagegen die Erwartungen in Polen und Tschechien: 35% der Polen und lediglich 32% der Tschechen rechnen mit einer Verbesserung der industriellen Absatzmöglichkeiten infolge des EU-Beitritts. Dagegen fürchten 32% der Polen und 28% der Tschechen, daß die Absatzmöglichkeiten eher zurückgehen werden. Die Meinungen in der Bevölkerung zu den Absatzchancen der heimischen Industrie sind in diesen Ländern also eher gespalten.

Von einem EU-Beitritt erhoffen sich 56% der Ungarn positive Wirkungen für die *eigene finanzielle Lage*. Mit diesen relativ hohen Erwartungen stehen sie allerdings im Vergleich zu den anderen Visegrádstaaten alleine da, denn nur ein gutes Fünftel der Polen (22%) und gerade mal 13% der Tschechen äußern ähnlich optimistische Erwartungen für ihre finanzielle Situation. Optimistisch äußern sich einmal mehr die Reformgewinner.

Eine kleine Mehrheit in Polen und Tschechien und eine deutliche in Ungarn erhoffen sich bessere Absatzchancen für die Industrie. Anders werden dagegen die Folgen für die *Landwirtschaft* eingeschätzt. In Ungarn glaubt die Mehrheit an eine gleichbleibende Lage; ein Fünftel der Bevölkerung erwartet sogar eine Verbesserung, und für ein Viertel ist die Situation überhaupt nicht einschätzbar. In Polen und Tschechien sind allerdings deutliche Mehrheiten von einer Verschlechterung der Absatzmöglichkeiten der Landwirtschaft überzeugt: fast jeder zweite Pole und 40% der Tschechen rechnen mit Umsatzeinbußen für ihre landwirtschaftlichen Produkte auf einem gemeinsamen europäischen Markt. Ein Viertel der Tschechen erwartet gleiche Absatzchancen und nur ein Fünftel hofft auf eine Verbesserung. Nur wenig mehr, nämlich 24% der Polen, schauen im Hinblick auf einen EU-Beitritt optimistisch in die Zukunft ihrer Landwirtschaft.

Abbildung 8-8: 'Wie werden sich die Absatzchancen der Landwirtschaft infolge der EU-Mitgliedschaft verändern?'

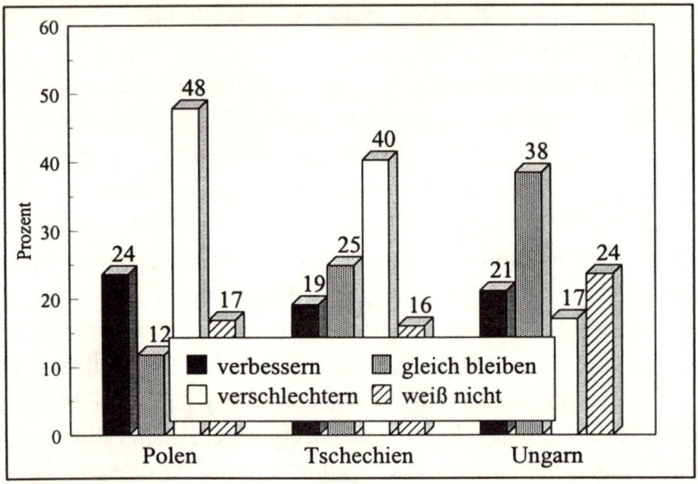

Die Umfrageergebnisse spiegeln sehr gut die tatsächliche Situation des Agrarsektors in den jeweiligen Ländern wider. Ungarn kann als größter Nettoagrarexporteur unter den mittelosteuropäischen Reformstaaten am ehesten mit positiven Auswirkungen auf den landwirtschaftlichen Absatzmarkt rechnen; allerdings verzeichnete Ungarn in jüngster Zeit Exportsteigerungen (jeweils um 13%) vor allem in die CEFTA und nach Rußland, während die Exporte in westliche Industrieländer um 8% zurückgingen. In Polen ist die Situation der Landwirtschaft dagegen am schwierigsten: mehr als ein Viertel der Beschäftigten Polens arbeiten im Agrarsektor, der lediglich 6% des BIP erwirtschaftet; die eher kleinbäuerliche Betriebsstruktur (nur zu einem Viertel Vollerwerbswirtschaft) wird große Schwierigkeiten auf dem europäischen Markt haben. Andererseits dient die Landwirtschaft in Polen derzeit auch als Puffer für die hohe Arbeitslosigkeit und dämpft die Kriminalitätsentwicklung. In Tschechien spielt der Agrarsektor eine eher geringe Rolle; der Agraranteil entspricht in etwa dem der EU, somit sind nicht so große Anpassungsprobleme zu befürchten wie in den agrarintensiven Visegrádstaaten.[118]

Abbildung 8-9: 'Wird es nach dem EU-Beitritt in Ihrem Land mehr, gleich viel oder weniger Arbeitslose geben?'

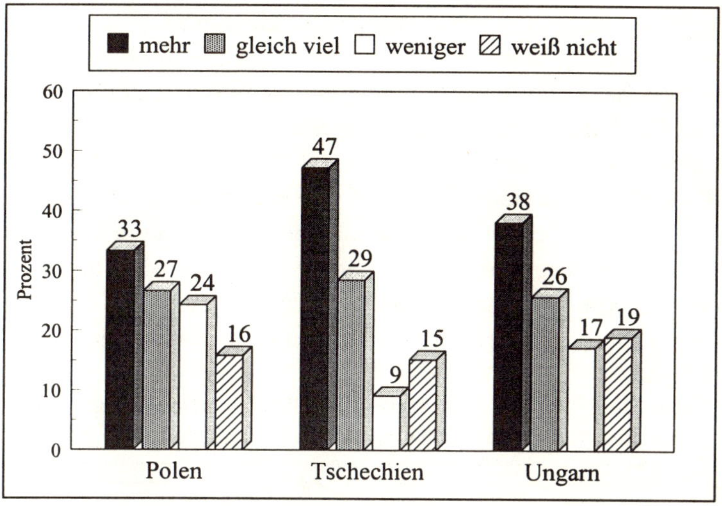

Wenig Illusionen existieren auch hinsichtlich der Entwicklung des Arbeitsmarktes nach einer erfolgten Aufnahme in die Europäische Union. Fast jeder zweite Tscheche, 38% der Ungarn und ein Drittel der polnischen Bevölkerung rechnen nach einem EU-Beitritt mit einem Anstieg der *Arbeitslosigkeit* im eigenen Land. Eine stagnierende Arbeitslosenquote erwarten 29% der Tschechen, 26% der Ungarn und 27% der Polen; in Polen hofft sogar ein Viertel der Bevölkerung auf einen Rückgang der Arbeitslosigkeit. In Polen und Tschechien befürchten tendenziell eher die älteren Bevölkerungsgruppen einen Anstieg der Arbeitslosigkeit. Umgekehrt verhält es sich dagegen in Ungarn, wo 44% der unter 30jährigen einen Anstieg befürchten, aber nur 31% der ältesten Altersgruppe (ab dem 60. Lebensjahr). Auch in Ungarn erwartet vor allem die Altersgruppe zwischen 45

[118] Vgl. Lukas 1998.

und 59 einen deutlichen Anstieg, während die Jüngeren weniger Sorge vor Arbeitslosigkeit äußern. Angst vor Arbeitslosigkeit scheint also in der jungen Generation Ungarns eher mit der EU verknüpft zu sein.

Die zurückhaltende Akzeptanz eines EU-Beitritts in der tschechischen Bevölkerung zeigt sich auch an einigen weiteren Einstellungen: Auf die Frage, wie sich die *politische Stabilität* im eigenen Land als Folge der EU-Mitgliedschaft entwickeln werde, antworteten die Polen (40%) und die Ungarn (45%) mehrheitlich, sie werde eher zunehmen. Für die Tschechen scheint die EU-Integration der eigenen politischen Stabilität aber weder zu- noch abträglich zu sein: nach Meinung von 44% ändert sich nichts und nur 29% erhoffen sich eine Stärkung der inneren Stabilität.

Vor allem aber befürchtet immerhin ein Drittel der Tschechen, eine EU-Mitgliedschaft könnte sich negativ auf ihre *nationale Eigenständigkeit* auswirken, auch wenn die Bevölkerungsmehrheit (43%) keine Veränderung in diesem Punkt erwartet. Auch in Polen und Ungarn erwarten die Bürger mehrheitlich keine Veränderung; die übrigen gehen zudem eher von positiven als von negativen Folgen für die nationale Eigenständigkeit aus.

Abbildung 8-10: Verbesserung der Wirtschaftschancen oder Verlust von Absatzmärkten durch Konkurrenzdruck?[119]

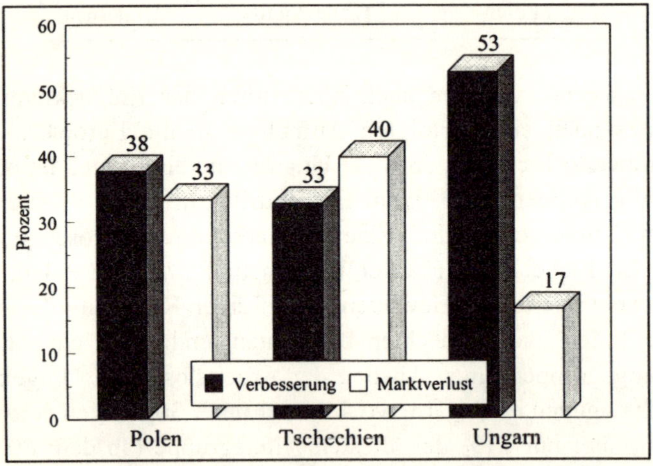

119 Der Anteil derer, die sich einer Antwort enthalten, liegt in allen Ländern um die 30%.

Die besondere Haltung der Tschechen zeigt sich auch bei der Frage, ob sich infolge der EU-Mitgliedschaft die *wirtschaftlichen Chancen* eher verbessern, oder ob der Konkurrenzdruck zum *Verlust von Absatzmärkten* führt: die Mehrheit der tschechischen Bevölkerung fürchtet nämlich den Marktverlust infolge des Konkurrenzdrucks, während nur ein Drittel mit einer Verbesserung der wirtschaftlichen Chancen rechnet. Nahezu umgekehrt verhält es sich in Polen, wo 38% bessere Wirtschaftschancen und ein Drittel der Bevölkerung den Verlust von Märkten erwarten. In Ungarn ist dagegen der Anteil derjenigen, die auf bessere wirtschaftliche Chancen hoffen, mit 53% am höchsten; nur eine kleine Minderheit fürchtet den neuen Konkurrenzdruck.

Zusammenfassend läßt sich festhalten, daß die *Ungarn* der Mitgliedschaft in der Europäischen Union ausgesprochen optimistisch gegenüberstehen. Dies liegt vor allem an den hohen Erwartungen eines Wachstum des gesamtwirtschaftlichen Wohlstands, z.B. durch eine Verbesserung der Absatzchancen für Produkte der ungarischen Industrie. Die *Tschechen* stehen dem EU-Beitritt eher zurückhaltend gegenüber: sie befürworten zwar eindeutig den Beitritt, fürchten aber vergleichsweise stark um ihre nationale Eigenständigkeit und bewerten die wirtschaftlichen Aussichten auf dem europäischen Markt eher skeptisch. Zwischen den optimistischen Ungarn und den verhalten skeptischen Tschechen stehen die *Polen*, die z.T. eher positive Erwartungen hegen - insbesondere die typischen 'Reformgewinner': jüngere, gut gebildete und einkommensstarke Bevölkerungsgruppen -, z.T. aber auch der kommenden Entwicklung abwartend gegenüberstehen.

8.2 Die Osterweiterung von EU und NATO aus Sicht der russischen Bevölkerung

Für Rußland bedeutet die Osterweiterung von EU und NATO mehr als die Aufnahme einiger Nachbarstaaten in europäische Bündnissysteme: Polen, Tschechien und Ungarn waren über Jahrzehnte sozialistische Bruderstaaten, mit denen Rußland selbst über militärische und wirtschaftliche Bündnisse eng verknüpft war. Die Aufnahme dieser Staaten in NATO und EU verschiebt deren Grenze direkt an Rußland heran, das dadurch überdies einige wichtige ehemalige Bruderstaaten verliert. Die Beitrittsverhandlungen stießen anfangs auf starken Widerstand: russische Politiker, Militärs,

Wissenschaftler und Journalisten machten Front gegen die NATO-Osterweiterung. Rußland fühlte sich hintergangen, beklagte einen Verstoß gegen den Geist des Zwei-plus-Vier-Vertrages, sah sich politisch isoliert und militärisch in seinen vitalen Sicherheitsinteressen verletzt.[120] Auf politisch-militärischer Ebene mußten die Fortschritte in den Beitrittsverhandlungen mit Vorsicht und Konzessionen durchgeführt bzw. erkauft werden. Unklar war allerdings, was die russische Bevölkerung über diese Entwicklungen denkt.

Abbildung 8-11: Einstellungen zur NATO-Osterweiterung in Rußland

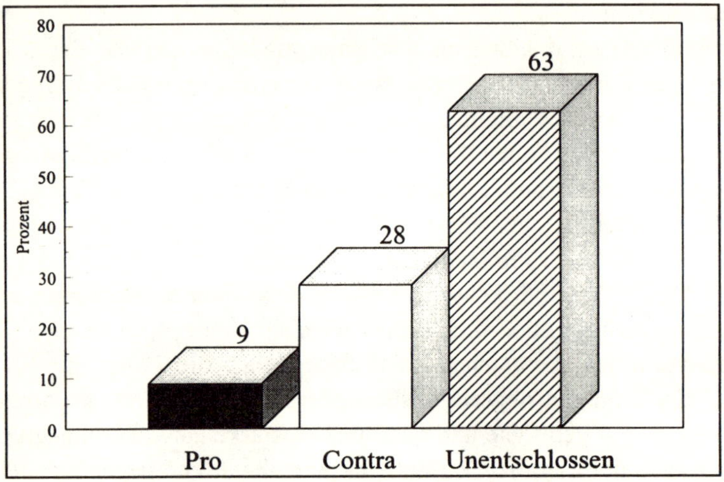

Es fällt zunächst auf, daß sich die russische Bevölkerung im wesentlichen noch völlig unklar über diese Entwicklungen ist - etwa zwei Drittel der Bevölkerung haben keine entschiedene Meinung, weder zum NATO- noch zum EU-Beitritt. 63% der russischen Bevölkerung möchten sich daher nicht zur *NATO-Osterweiterung* äußern; allerdings stellen sich 28% gegen den Beitritt und nur 9% können diesen Schritt der Visegrádstaaten befürworten.

Bedenkt man, wie lange die NATO als *das* Feindbild des Warschauer Paktes galt, so muß diese Verteilung keine Besorgnis erregen; immerhin ist

---

120 Vgl. u.a. Walter 1997, S. 360ff.

sich die große Mehrheit der Bevölkerung noch völlig unschlüssig, wie sie diese Entwicklung bewerten soll. Unter den Beitrittsgegnern finden sich fast doppelt soviele Männer (37%) wie Frauen und vergleichsweise viele (38%) aus der Altersgruppe zwischen 45 und 59 Jahren, mithin vor allem diejenigen, die zu Zeiten des 'Großen Vaterländischen Krieges' (wie der Zweite Weltkrieg in Rußland verstanden wird) geboren wurden und in ihrer prägenden Sozialisationsphase den Kalten Krieg erleben mußten; befürwortet wird der Beitritt etwas häufiger von den Jüngeren bis zum 29. Lebensjahr.

Abbildung 8-12: Einstellungen zur EU-Osterweiterung in Rußland

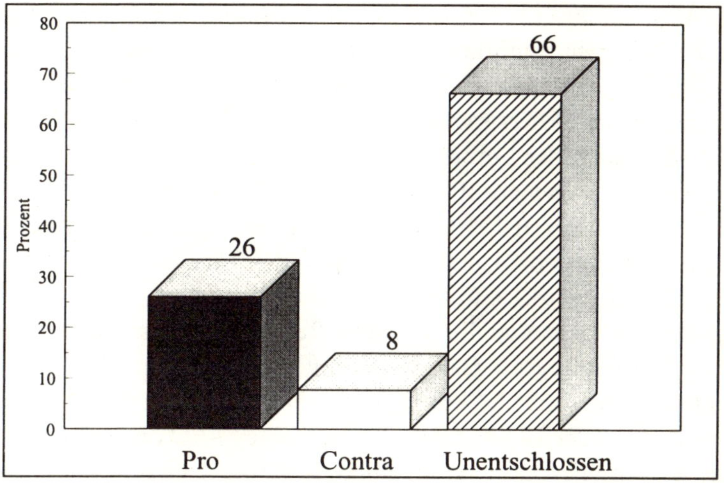

Auch in der Frage des Beitritts der Visegrádstaaten zur Europäischen Union enthalten sich 66% der Antwort; wiederum sind dies vor allem Frauen, Personen mit niedriger formaler Bildung, geringem Einkommen oder Bewohner ländlicher Regionen. Von den übrigen stimmt allerdings im Gegensatz zur Frage der NATO-Osterweiterung die Mehrheit, etwa ein Viertel der Bevölkerung insgesamt, für die *EU-Mitgliedschaft* der Visegrádländer; lediglich 8% sind gegen den Beitritt. Einkommensstarke Gruppen, Akademiker und die Moskauer zählen zu den stärksten Befürwortern der EU-Integration, die 45-59jährigen wiederum zu den stärksten Gegnern. Nahezu drei Viertel der Bevölkerungsgruppen mit niedriger formaler Bildung und geringem Einkommen enthalten sich der Aussage.

Die meisten, die sich *gegen die Osterweiterung* der EU aussprechen, möchten dazu keine Begründung abgeben (40%) oder sind unschlüssig (12%); darunter finden sich vor allem Männer, Jüngere unter dem 30. Lebensjahr und Personen mit niedriger formaler Bildung. Einer der meistgenannten Gründe der übrigen Beitrittsgegner ist die 'Bedrohung des außenpolitischen Status der Russischen Föderation' (26%). Des weiteren wird in den Beitrittswünschen der Visegrádstaaten ein 'unmoralischer Schritt' gesehen (7%). Jeweils 6% meinten, die Visegrádstaaten 'seien noch nicht soweit', oder man sollte lieber die 'alten freundschaftlichen Beziehungen' zu diesen Ländern erhalten.

Jeder zweite Russe ist überfragt, wenn es um die Frage nach der angemessenen *Reaktion Rußlands auf den Beitritt* von Polen, Tschechien und Ungarn zur EU geht. Ein Fünftel der russischen Bevölkerung (21%) meint, Rußland solle seinen eigenen Weg gehen; vor allem kommt diese Antwort aus den Reihen der Altersgruppe zwischen 45 und 59 Jahren. 16% meinen, Rußland solle auch der Europäischen Union beitreten; dafür plädieren vor allem Personen zwischen 30 und 44 Jahren, Akademiker und Einkommensstarke. Die übrigen 13% sprechen sich für eine intensive Kooperation mit der EU aus; auch in dieser Gruppe sind Akademiker und Einkommensstarke relativ stark vertreten.

Insgesamt betrachtet ist die russische Bevölkerung also noch recht unsicher in der Bewertung der Osterweiterung von NATO und EU um die Visegrádstaaten. Die große Mehrheit der Russen hat sich in dieser Frage noch nicht festgelegt oder ist schlicht noch mit einer Antwort überfordert, was bedeutet, daß die Erfahrungen in den kommenden Jahren ausschlaggebend für die Meinungsbildung sein werden. Vor allem die Generation mittleren Alters zwischen dem 45. und dem 59. Lebensjahr steht der Osterweiterung ablehnend gegenüber, ganz gleich, ob es sich um ein Wirtschafts- oder ein Verteidigungsbündnis handelt; hier sind wohl vor allem die Nachkriegserfahrungen ausschlaggebend. Offener scheinen dagegen die Meinungen in der jungen, nachwachsenden Generation zu sein, die das Meinungsbild in der Zukunft bestimmen werden. Da aber nicht mit einer ernsthaften Bedrohung durch die jüngsten Beitrittsbestrebungen der alten sozialistischen Bruderstaaten zu rechnen sein wird, kann man davon ausgehen, daß die Skepsis der Russen allmählich weichen wird. Während die Osterweiterung der NATO auf mehr Kritik stößt, äußert die Mehrheit derer, die sich bereits ein Urteil gebildet haben, Verständnis für die Beitrittsbestrebungen der

Visegrádstaaten zur Europäischen Union - eine Minderheit ist sogar der Ansicht, Rußland solle selbst den EU-Beitritt anvisieren. Alles in allem scheint damit die Bevölkerung erheblich geringere Vorbehalte gegenüber einem NATO- und EU-Beitritt der Visegrádstaaten zu haben als die russischen Politiker.

9 Wertorientierungen

Der Transformationsprozeß bringt für die Bevölkerung der Reformstaaten in Mittelosteuropa gravierende Einschnitte mit sich; dies betrifft die wirtschaftliche, politische und gesellschaftliche Lebenswelt jedes Einzelnen. Was in der Ära des Sozialismus wertvoll und wichtig war, hat innerhalb sehr kurzer Zeit an Bedeutung verloren. Zum Teil wird dieses Vakuum nun mit neuen Werten gefüllt, zum Teil bleibt es bestehen. Die neuen marktwirtschaftsorientierten und demokratischen Werte sind für viele Bürger noch ungewohnt und führen vielfach zu Verunsicherung, Desorientierung und Anomie. Für eine stabile Transformationsentwicklung ist jedoch die Verankerung zentraler Werte im Bewußtsein der Bevölkerung unumgänglich, und unsere Erhebungsergebnisse zeigen, daß die Bürger der Reformstaaten bereits zunehmend die neuen Werte akzeptieren.

9.1 Wichtigkeit von Werten

Das TBO mißt regelmäßig die individuelle Wichtigkeit von 15 Verhaltensorientierungen aus verschiedenen Wertdimensionen. Aus den Bereichen Konventionalismus, Hedonismus und Individualismus bis hin zu sozialem und politischem Engagement werden Verhaltensweisen vorgelegt, die mit Hilfe einer Skala von 1 („überhaupt nicht wichtig“) bis 5 („außerordentlich wichtig“) auf die Bedeutung für die eigene Person hin zu bewerten sind.

Wie bereits im vergangenen Jahr zeigen die Ergebnisse über die Länder hinweg auffallende Gemeinsamkeiten. Extreme Preissteigerungen oder der drohende Verlust des Arbeitsplatzes führen bei vielen zu einer verständlichen Flucht ins Private, eine bereits im Sozialismus weit verbreitete Reaktionsform.

Tabelle 9-1: Wertorientierungen (Skalenmittelwerte)

	Polen	Tschechien	Ungarn	Rußland
Ein harmonisches, gutes Familienleben führen (K)	4,41	4,67	4,80	4,67
Im Umgang mit anderen fair sein (KL)	4,40	4,55	4,50	4,48
Gesetz und Ordnung respektieren (K)	4,37	4,54	4,63	4,35
Nach Sicherheit streben (K)	4,26	4,22	4,72	4,59
Pflichtbewußt sein (K)	4,22	4,44	4,53	4,27
Ein hohes Einkommen erzielen (M)	4,04	3,74	4,30	3,87
Fleißig und ehrgeizig sein (K)	3,94	3,93	4,52	3,80
Die guten Dinge des Lebens in vollen Zügen genießen (H)	3,90	3,64	4,25	3,87
Sich selbst verwirklichen (S)	3,83	3,84	4,20	3,95
Eigene Phantasie u. Kreativität entwickeln (S)	3,80	3,83	4,32	3,39
Viel Freizeit haben (H)	3,65	3,51	4,18	3,43
Auch solche Meinungen tolerieren, denen man eigentlich nicht zustimmen kann (E)	3,54	3,02	3,40	3,33
Ausländ. Menschen genauso behandeln wie eigene Mitbürgerinnen und Mitbürger (E)	3,48	3,69	3,49	2,92
Sich und seine eigenen Bedürfnisse besser gegen die anderen durchsetzen (S)	2,02	2,92	3,56	3,20
Sich politisch engagieren (E)	1,91	1,79	2,66	2,30

(Skalenwerte: 5=außerordentlich wichtig, 4=eher wichtig, 3=weder noch, 2=eher unwichtig, 1=überhaupt nicht wichtig; die Großbuchstaben in der linken Spalte kennzeichnen die Zugehörigkeit zu Wertkategorien: K=Konventionalismus, KL=Kollektivismus, M=Materialismus, H=Hedonismus, S=Selbstentfaltung/Individualismus, E=Engagement[121])

Die Flucht ins Private äußert sich in einer Bevorzugung tradierter und konventioneller Werte, insbesondere der Werte privater Harmonie. So steht für alle das *harmonische Familienleben* unangefochten an erster Stelle der

[121] Die Wertkategorien beziehen sich auf Ergebnisse aus westlichen Analysen; für Deutschland vgl. z.B. Herbert 1991, S. 130

Wertprioritäten. Hohe Bedeutung haben überdies die *Fairneß* im Umgang mit anderen, der Respekt vor *Gesetz und Ordnung*, *Sicherheit*, *Pflichtbewußtsein sowie Fleiß und Ehrgeiz*, alles Werte, die eine Stabilisierung und Orientierung in der unruhigen und unsicheren Gegenwart bieten.

Abbildung 9-1: Wertorientierungen I[122]

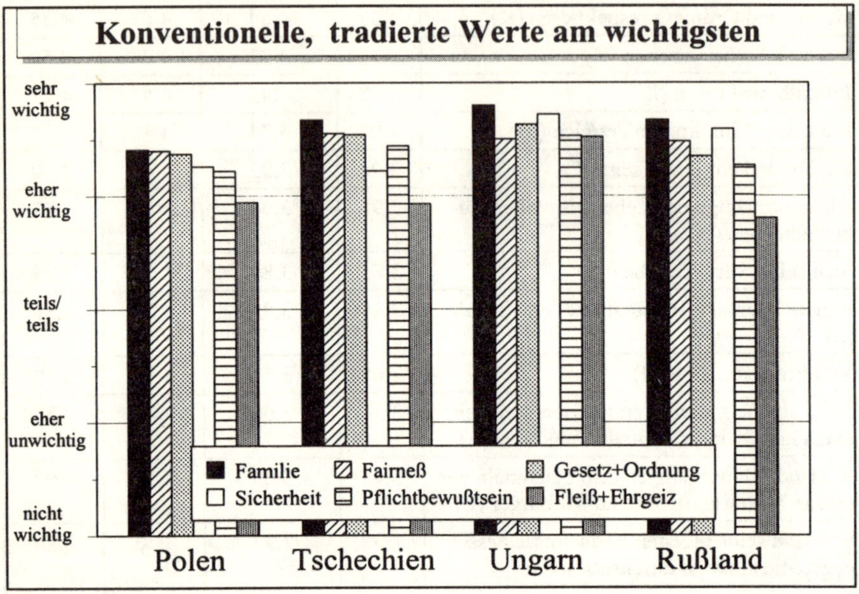

Bereits in früheren Studien[123] konnte gezeigt werden, daß die für westliche Gesellschaften typischen Wertorientierungen in hohem Maße auch für die mittelosteuropäischen Reformstaaten Geltung haben. So hat das Pflichtbewußtsein etwa in Rußland eine lange Tradition aus der zaristischen wie auch der sozialistischen Ära.[124]

---

122 Abbildung der arithmetischen Mittel der Skalenwerte (5=außerordentlich wichtig, ..., 1=überhaupt nicht wichtig) für Wertorientierungen nach Ländern. Lesebeispiel Polen: Der gemittelte Skalenwert für *Harmonisches Familienleben* beträgt 4.41, der Wert für *Fleiß und Ehrgeiz* dagegen 3.94; je höher der Balken, umso wichtiger der Wert.

123 Vgl. Haarland/Niessen 1997 und 1998.

124 Vgl. Ignatow 1997, S. 15f. sowie Haarland/Niessen 1998, S. 96f.

Ein harmonisches *Familienleben* scheint nahezu für alle gesellschaftlichen Gruppen gleich wichtig zu sein. Auch die *Fairneß* im Umgang mit anderen weist kaum nennenswerte Unterschiede auf. Ein Alterseinfluß zeigt sich hinsichtlich des Respekts vor *Gesetz und Ordnung* in allen Reformstaaten: die Jüngeren scheinen es weniger bedeutsam zu finden, Gesetz und Ordnung zu respektieren. Ein Gefühl der *Sicherheit* ist für alle Altersgruppen dagegen etwa gleich wichtig, in Polen und Ungarn besonders in den Gruppen mit höherer formaler Bildung und mit hohem Einkommen. Sich *pflichtbewußt* zu verhalten, ist mit Ausnahme von Tschechien in allen Ländern ebenfalls vom Alter abhängig; je älter die Personen, desto wichtiger ist diese Wertorientierung; bei Jüngeren ist sie entsprechend weniger wichtig. Lediglich in Polen ist es die Altersgruppe zwischen 45 und 59 Jahren, für die Pflichtbewußtsein am wichtigsten ist. *Fleißig und ehrgeizig* zu sein, ist für Gruppen mit hoher Schulbildung sowie für Personen mit hohem Einkommen wichtiger als für die Vergleichsgruppen.

Im Vergleich mit den Ergebnissen des TBO 1997 ist lediglich die Bedeutung der Fairneß in Ungarn leicht gestiegen; ansonsten zeigen sich Veränderungen in den wichtigsten Wertorientierungen nur in Polen, wo etwa bei der Hälfte der erhobenen Werte Bedeutungsverluste zu erkennen sind, insbesondere beim Pflichtbewußtsein, Familienleben, Streben nach Sicherheit und bei Fleiß und Ehrgeiz.

Hinter den gewohnten und Sicherheit vermittelnden traditionalistischen und konventionalistischen Wertorientierungen finden sich vorwiegend die 'neuen' Werte (vgl. Abb. 9-2); neu deshalb, weil ihnen in der offiziellen Ideologie des Sozialismus nur wenig Bedeutung beigemessen werden sollte. Vor allem Hedonismus und Individualismus galten als Wertorientierungen des dekadenten Westens, die im Sozialismus als überwunden galten. Verdienstvoller war es, seine Pflicht zu erfüllen als das Leben zu genießen. Zudem führte die legalitaristische Ideologie des Sozialismus dazu, daß etwa 90% der Menschen nur über das gleiche Einkommen verfügen konnten, so daß es wenig Sinn machte, nach einem hohen Einkommen zu streben.

In Rußland widersprach zudem das Streben nach hohem Einkommen den ethischen Werten der orthodoxen Kirche. Die Orthodoxie pries den Verzicht, und der Gläubige sollte das Vorhandene in der diesseitigen Welt, so wie es ist, still erdulden, da der Beginn des wahren Lebens im Jenseits warte. „Zum Bestandteil der russischen Mentalität gehört die Überzeugung, daß der Mensch vom Eigentum unabhängig sei und seine Würde höher als sein Besitz eingestuft werden müsse. Diese Ansicht hat die soziale Ethik und das ökonomische Verhalten der Menschen jahrhundertelang geprägt."[125] Geld verkörpert das Böse und die Sünde. „Daher betrachtete der Russe einen Reichen abschätzig und mißtrauisch."[126] Entsprechend wurden hedonistische und individualistische Werte von der russischen Orthodoxie abgelehnt und stattdessen die Selbsteinschränkung im Konsum, das Aufgehen des Individuums im religiös-kirchlichen Kollektiv und die Idee der Gleichheit gepredigt.[127]

Abbildung 9-2: Wertorientierungen II

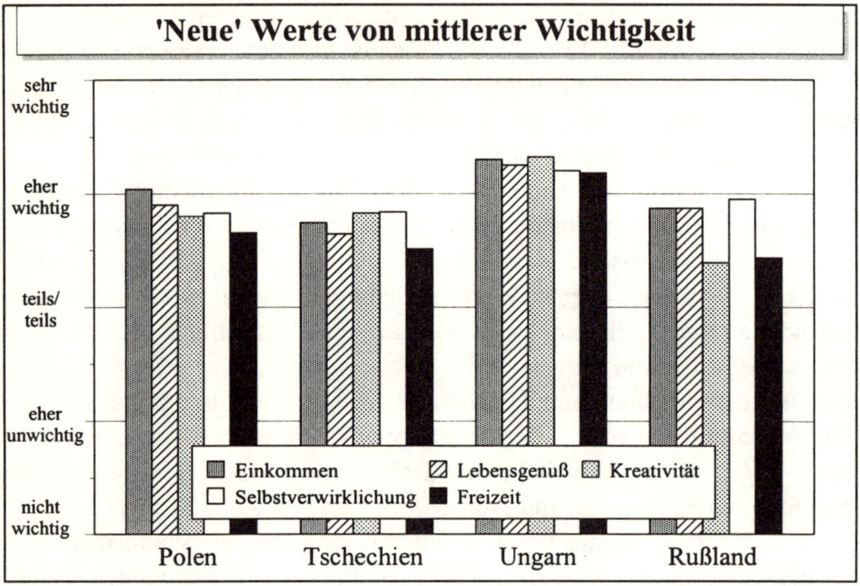

Mittlerweile beginnen sich die Wertmuster jedoch mit fortschreitendem Transformationsprozeß zu ändern, und für viele hat ein *hohes Einkommen* eine erheblich höhere Bedeutung gewonnen als zu sozialistischen Zeiten. In Polen führt die Einkommensorientierung deutlich die Werte 'mittlerer

125 Saizew 1998, S. 46.

126 Ebd., S. 47.

127 Vgl. ebd., S. 47ff.

Wichtigkeit' an, während in den übrigen Ländern die *Selbstverwirklichung* oder die Entwicklung der eigenen *Phantasie und Kreativität* noch höher gewertet werden, ähnlich auch der hedonistische *Lebensgenuß* sowie die zunehmende *Freizeitorientierung*. Bei diesen Wertorientierungen sind relativ starke Veränderungen im Zeitvergleich zu erkennen, auch wirkt sich hier der Einfluß der Altersvariablen am stärksten aus; allerdings umgekehrt wie bei den tradierten Werten.

Abbildung 9-3: Einkommensorientierung nach Alter

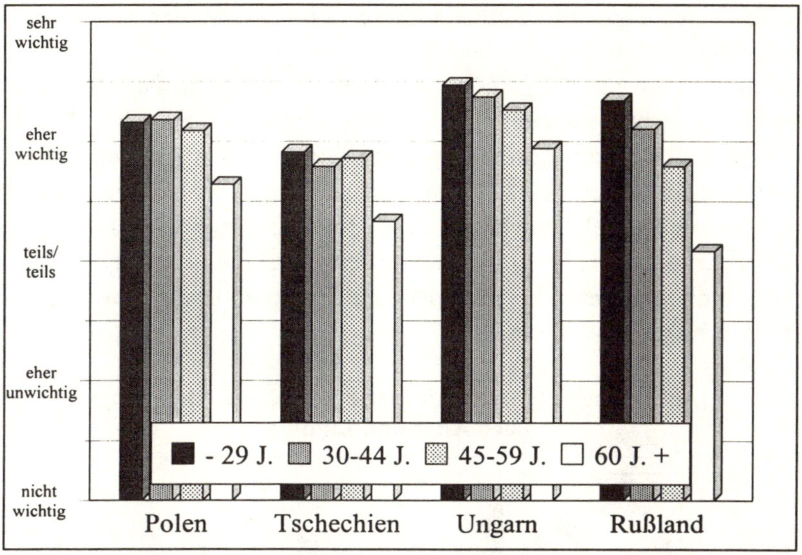

In Rußland und Ungarn verliert ein hohes Einkommen mit zunehmendem Alter kontinuierlich an Wichtigkeit. Für mindestens jeden zweiten russischen Bürger im 'Erwerbsalter' (hier: im Alter zwischen 16 und 59 Jahren) ist es nach eigenen Angaben wichtiger, jetzt möglichst viel zu verdienen als einen langfristig sicheren Arbeitsplatz zu bekommen; unter den Jüngeren bis zum 29. Lebensjahr steigt dieser Anteil sogar auf zwei Drittel. Lediglich die Älteren Befragten ab 60 Jahren würden den sicheren Arbeitsplatz vorziehen.

Diese Einkommensorientierung hängt sicher auch mit der Einkommensdifferenzierung in Rußland zusammen. Im Laufe des Transformationsprozesses ist die Einkommenskonzentration in Rußland nämlich schneller gestiegen als in den übrigen Reformländern. Während 1989 das oberste Einkommensdezil etwa über ein gutes Fünftel der Einkommen verfügte, stieg dieser Anteil bis 1996 auf ein gutes Drittel. 1989 lag der russische Dezilquotient leicht über dem ungarischen und unterhalb des polnischen; fünf Jahre später hatte er bereits den höchsten Wert in Mittelosteuropa erreicht.[128] Die 'Neuen Russen' tragen diesen Reichtum ungeniert zur Schau, so daß es nicht wundert, wenn vor allem die junge Bevölkerung den schnellen Reichtum einem sicheren, wenn auch geringer entlohnten Arbeitsplatz vorzieht. Ohnehin wird es angesichts der noch ausstehenden Massenarbeitslosigkeit in Rußland immer schwieriger, sichere Arbeitsplätze zu finden.

In Tschechien und Ungarn streben zwar ebenfalls große Teile (jeweils 37%) der jüngeren Generation nach dem schnellen Geld, aber die Mehrheit zieht den sicheren Arbeitsplatz doch vor. In Polen sind altersbedingte Unterschiede dagegen kaum erkennbar; aus jeder Altersgruppe würde sich höchstens ein Viertel für schnellen Einkommensanstieg entscheiden, während die deutliche Mehrheit hier auf Arbeitsplatzkontinuität setzt. Generell räumen einkommensstarke Gruppen der Einkommensorientierung ebenfalls einen höheren Wert ein.

Abbildung 9-4: Wichtigkeit von Selbstverwirklichung nach Alter und Bildung

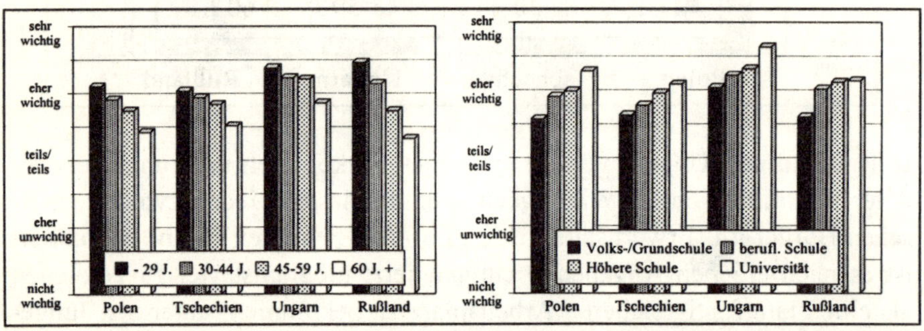

Sich *selbst zu verwirklichen* galt in der sozialistischen, durchgeplanten Gesellschaft als im Kollektiv schon realisiert, war darüber hinaus also nicht

128 Vgl. Sigmund 1998, S. 10ff.

erforderlich und schon gar nicht erwünscht und möglich. In einer demokratischen Marktwirtschaft jedoch hat dieser Wert eine zentrale Bedeutung. Vor allem die typischen Reformgewinner stehen der Selbstverwirklichung erheblich offener gegenüber.

Das gleiche Antwortmuster zeigt sich hinsichtlich der Entwicklung eigener *Phantasie und Kreativität*, die jedoch vermutlich bereits in der sozialistischen Mangelwirtschaft vonnöten war, um über soziale Netzwerke oder Nischen an Güter und Dienste heranzukommen, die über offizielle Wege nur schwer oder überhaupt nicht erhältlich waren.

Vor allem die jungen Bürger der mittelosteuropäischen Reformstaaten möchten *die guten Dinge des Lebens genießen*, während dieser hedonistische Wert bei den älteren Bürgern vermutlich noch zu sehr im Widerspruch zu tradionellen Pflichtwerten steht. Darüber hinaus läßt sich in Polen und Rußland auch ein Zusammenhang zwischen Hedonismus und Einkommen erkennen: einkommensstarke Gruppen bewerten den Lebensgenuß höher als solche mit niedrigem Einkommen. Natürlich befähigt erst ein ausreichendes Einkommen zur Befriedigung hedonistischer Wünsche, aber interessanterweise ist der Zusammenhang in diesen beiden Ländern erheblich stärker als in Tschechien oder Ungarn, wo der Lebensgenuß insgesamt eine weniger wichtige Rolle spielt.

Abbildung 9-5: Freizeitorientierung nach Alter

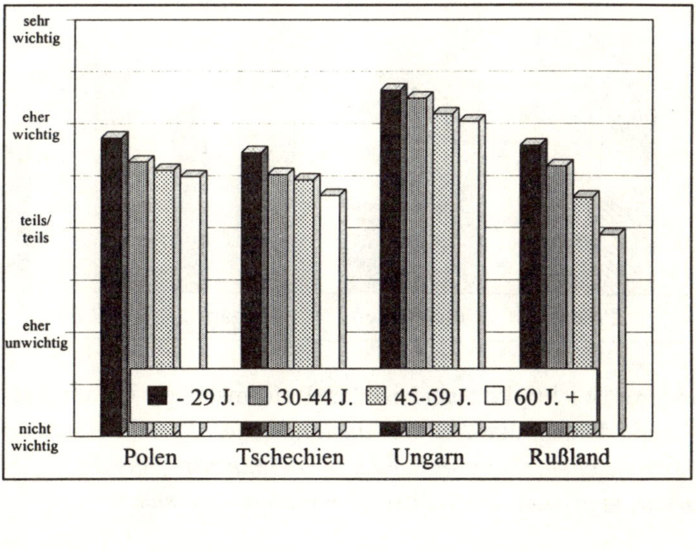

Die *Freizeitorientierung* findet sich in allen Reformstaaten überdurchschnittlich stark in der jüngeren Generation und in Gruppen mit hohem Einkommen. Auch hierbei handelt es sich um einen bislang eher ungewohnten Wert, der in modernen westlichen Gesellschaften eng mit Hedonismus und Konsumorientierung verknüpft ist.

Im Vergleich zu den Ergebnissen des TBO 1997 haben einige dieser neuen Werte an Wichtigkeit verloren, während andere hinzugewonnen haben. In Tschechien und Ungarn wird der Entwicklung der eigenen Phantasie und Kreativität 1998 ein nicht mehr ganz so hoher Stellenwert beigemessen. Der Wunsch nach Selbstverwirklichung ist ebenfalls eher leicht rückläufig in Polen und Ungarn. Dagegen hat der Wunsch, das Leben in vollen Zügen zu genießen, in Tschechien und Rußland deutlich zugenommen. Ebenso ist in Tschechien die Freizeitorientierung wichtiger geworden.

Abbildung 9-6: Wertorientierungen III

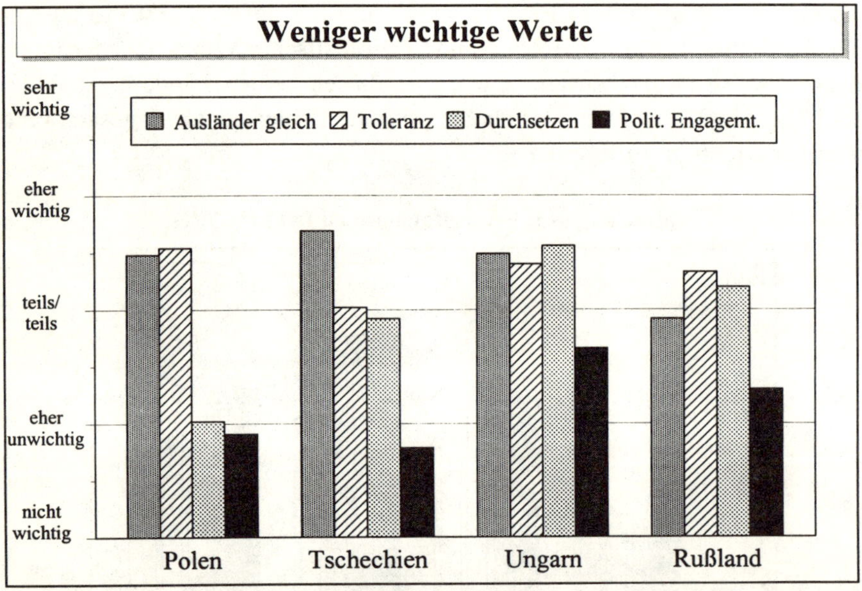

Von minderer Wichtigkeit sind in den Reformstaaten immer noch Engagement- und Idealismuswerte wie *ausländische Menschen behandeln wie eigene Mitmenschen, Toleranz anderen Meinungen gegenüber, politisches Engagement,* aber auch der Selbstbehauptungswert, *sich und seine Bedürf-*

nisse besser gegenüber anderen durchsetzen zu können. Angesichts der Tatsache, daß viele mit der Umstellung auf die neuen Lebensumstände überfordert oder doch voll beschäftigt sind, ist es wenig verwunderlich, daß materialistischen Wertorientierungen, die nun einmal die ökonomisch-materielle Lebensbasis für alle sogenannten höheren Werte sind, eine höhere Priorität eingeräumt wird als den eher postmaterialistischen Werten.

Die *Gleichbehandlung von ausländischen Mitmenschen* läßt einen Alterseinfluß lediglich in Rußland erkennen, wo sich vor allem die Jüngeren um ein offenes Verhältnis zu Ausländern bemüht geben. In Polen und Ungarn ist ein Bildungseinfluß auf den Wert der *Toleranz* erkennbar: je höher die Schulbildung, umso wichtiger ist es, auch Meinungen zu tolerieren, denen man eigentlich nicht zustimmen könne. Das *Durchsetzungsvermögen* anderen gegenüber wird besonders in der jüngeren Generation als Verhaltensorientierung wesentlich stärker vertreten, hier am stärksten in Rußland, als in der älteren Generation.

Abbildung 9-7: Wichtigkeit des Durchsetzungsvermögens nach Alter

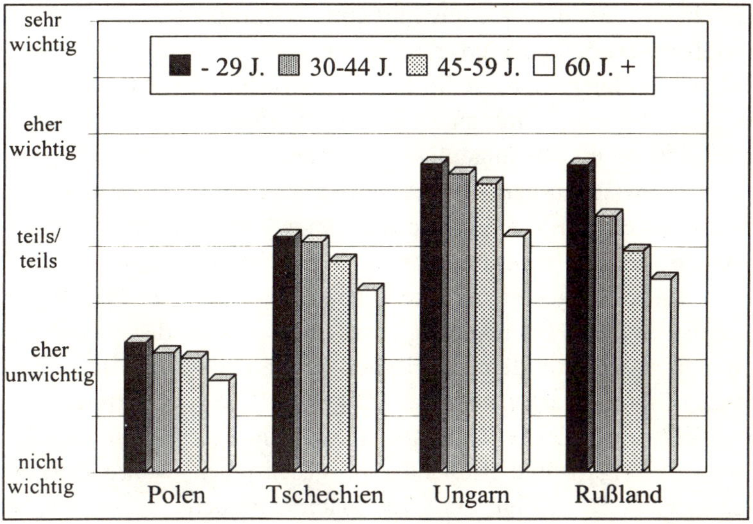

Als am wenigsten wichtig von allen erhobenen Werten gilt das *politische Engagement*. So wichtig diese Wertorientierung für die Stabilisierung des demokratischen, aber auch marktwirtschaftlichen, Transformationsprozesses ist, ihre derzeit geringe Bedeutung erklärt sich einerseits aus den noch lange nicht vergessenen Erfahrungen aus der Zeit des Sozialismus, in der politisch-ideologische Betätigung als Pflicht oktroyiert, aber gerade deshalb als sinnlos bewußt war. Andererseits wird die geringe Bedeutung politischen Engagements durch die unüberschaubaren, manchmal turbulenten, manchmal chaotischen politischen Zustände im Übergang zu einer stabilen Demokratie unterstützt. Konsequenterweise dominiert eine Politikverdrossenheit, die umso größer ist, je verworrener und undurchschaubarer das gegenwärtige politische Geschehen erscheint und je mehr die Bevölkerung mit der Organisation ihres eigenen Lebens in den schnellen Veränderungsprozessen absorbiert ist. Am größten scheint die Politikverdrossenheit derzeit in Polen und Tschechien zu sein, was im Falle Tschechiens wohl durch mit den Korruptionsvorgängen der letzten Regierung Klaus zusammenhängt. Vor allem die jüngeren Tschechen zeigen sich am allerwenigsten von der Notwendigkeit eines politischen Engagements überzeugt. In den Visegrádstaaten hängt die Wichtigkeit des politischen Engagements deutlich vom Bildungsgrad ab: je höher die Schulbildung, umso wichtiger wird das politische Engagement bewertet.

Ähnlich wie bei den Werten mittlerer Wichtigkeit sind auch bei den tendenziell nachrangigen Wertorientierungen relativ deutliche Veränderungen im Zeitvergleich meßbar. So hat das politische Engagement in Polen binnen Jahresfrist merklich an Bedeutung verloren und ist näher an den tschechischen Wert herangerückt; zahlreiche Regierungswechsel, der Machtkampf zwischen dem ehemaligen Präsidenten Walesa und den postkommunistischen Politikern sowie die unbewältigte Lustrationsproblematik[129] haben die Politikverdrossenheit in den letzten Jahren in die Höhe schnellen lassen. Dagegen sind die Ungarn mehr von der Wichtigkeit des politischen Engagements überzeugt, was aber auch an der zeitlichen Nähe der Erhebungsphase mit den ungarischen Parlamentswahlen liegen mag.

Die nachfolgend dargestellte Rangfolge der Wertorientierungen im Ländervergleich zeigt leichte *länderspezifische Besonderheiten* auf. So wird Sicherheit in Ungarn und Rußland groß geschrieben, während Fairneß in der ungarischen Rangfolge erst viel später auftaucht als in den übrigen Ländern. Fleißiges und ehrgeiziges Verhalten wird in Ungarn vergleichsweise hoch und in Rußland relativ niedrig bewertet. Die Einkommensori-

---

129 Zur Lustrationsproblematik vgl. Bingen 1997.

entierung spielt in Tschechien eine vergleichsweise nachrangige Rolle. Während für die Russen Selbstverwirklichung von überdurchschnittlicher Bedeutung ist, ist sie in Ungarn weniger bedeutsam. Der hedonistische Lebensgenuß ist im Ländervergleich am wichtigsten für die Russen und am wenigsten wichtig für die Tschechen. Die Entwicklung eigener Phantasie und Kreativität ist vor allem in Ungarn und Tschechien wichtig. Während die Ungarn das Durchsetzungsvermögen vergleichsweise hoch werten, stufen sie die Toleranz im Vergleich geringer ein.

Tabelle 9-2: Rangfolge der Wertorientierungen im Ländervergleich

	Polen	Tschechien	Ungarn	Rußland
1 Harmonisches Familienleben	1	1	1	1
2 Nach Sicherheit streben	**4**	**5**	2	2
3 Fairneß	2	2	**6**	3
4 Gesetz und Ordnung respektieren	3	3	3	4
5 Pflichtbewußt sein	5	4	4	5
6 Fleißig und ehrgeizig sein	7	6	5	**9**
7 Ein hohes Einkommen erzielen	6	**9**	8	7
8 Sich selbst verwirklichen	9	7	**10**	**6**
9 Leben genießen	8	**11**	9	**7**
10 Phantasie u. Kreativität	10	**8**	**7**	11
11 Viel Freizeit haben	11	12	11	10
12 Toleranz	12	13	**14**	12
13 Ausländ. Menschen gleich behandeln	13	**10**	13	14
14 Bedürfnisse besser durchsetzen	14	14	**12**	13
15 politisches Engagement	15	15	15	15

(Hervorgehoben sind Werte, die um mehr als einen Rangplatz von der Referenzliste abweichen, die aus den Skalenmitteln über alle Länder erstellt wurde)

Im großen und ganzen stimmen jedoch die Rangfolgen der Werten miteinander überein: traditionalistische, materialistische Werte stehen an der Spitze der Prioritätenliste, hedonistisch-individualistische Werte beherrschen das Mittelfeld und Werte des sozialen und politischen Engagements rangieren am unteren Ende der Werteskala. Sowohl Veränderungen im Zeitvergleich wie auch der Einfluß des Alters auf die Wichtigkeit bestimmter Verhaltensorientierungen lassen einen Wandel der Wertorientierungen in den mittelosteuropäischen Reformstaaten erkennen. Der vorliegende Längsschnittvergleich zeigt eine eindeutige Tendenz zur 'Verwestlichung' der Wertprioritäten in den Reformstaaten. Dies bedeutet: Der politische, soziale und ökonomische Transformationsprozeß wird auf der Bewußtseinsebene zunehmend begleitet und getragen von solchen Wertorientierungen, die dem westlichen System von Demokratie und Marktwirtschaft entsprechen.

Abbildung 9-8: Bedeutung von Fleiß und Ehrgeiz sowie Freizeitorientierung im Zeitvergleich[130]

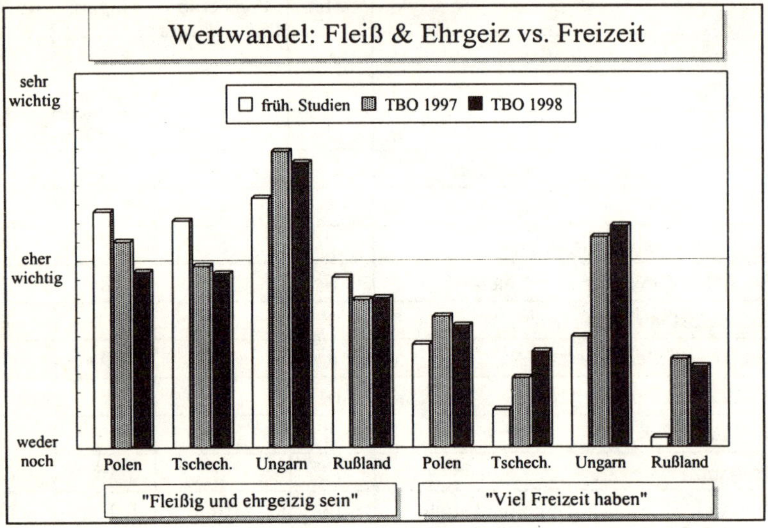

9.2 Wertstrukturen

Jenseits der Untersuchung von Wertprioritäten, die aus der subjektiv zugeschriebenen Wichtigkeit der einzelnen Wertorientierungen abgelesen wer-

130 Mit 'frühere Studien' sind die Ergebnisse der Länderstudien zu Polen, Tschechien, Ungarn und Rußland gemeint; vgl. Haarland/Niessen 1994, 1995, 1996 und 1997.

den können, ermöglicht die Faktorenanalyse einen Einblick in die Wertstrukturen oder Wertmuster, d.h. in die Verknüpfungen zwischen den einzelnen Wertorientierungen, wie sie von den Probanden - bewußt oder unbewußt - eingeschätzt werden.

Tabelle 9-3: Ergebnisse der Faktorenanalyse von Wertorientierungen in der polnischen Bevölkerung 1998

	Faktoren und Faktorladungen			
Variablen	F1 *Individualismus/ Hedonismus/ Materialismus*	F2 *Pflicht-werte*	F3 *Engage-ment*	F4 *Polit. Engage-ment*
Selbstverwirklichung	,73440			
Phantasie & Kreativität	,72083		,32911	
Lebensgenuß	,71931			
Einkommen	,66613			
Fleiß & Ehrgeiz	,62757		,36299	
Freizeit	,51463			-,36642
Sicherheit	,49186	,35223		
Gesetz & Ordnung		,80342		
Fairneß		,76794		
Pflichtbewußtsein	,31923	,67323		
Ausländer gleichbehandeln			,82293	
Toleranz			,77028	
Familie	,30233	,39965	,41942	
Politisches Engagement				,84782
Durchsetzungsvermögen		-,48980		,32469

(Dargestellt sind die Faktorladungen ≥ .30 einer Hauptkomponentenanalyse mit Varimax-Rotation; die durch vier Faktoren erklärte Varianz beträgt 58,2%)

Da das TBO 1997 eine ausführliche Interpretation der Ergebnisse der Faktorenanalysen enthält[131], wird im folgenden vor allem auf die Besonderheiten der veränderten Wertstrukturen in den jeweiligen Ländern eingegangen. Hier zeigt sich als zentrales Forschungsergebnis: zwar liefern die Analysen Veränderungen für jedes Land, aber insgesamt sind die länderspezifischen Unterschiede geringer geworden und die Wertstrukturen, die sich in allen

131 Vgl. Haarland/Niessen 1998, S. 106ff.; für alle vier untersuchten Länder führten vierfaktorielle Analysen zu zufriedenstellenden Ergebnissen.

Ländern auf vier Faktoren reduzieren lassen, zeigen größere Übereinstimmungen als 1997.

Tabelle 9-4: Ergebnisse der Faktorenanalyse von Wertorientierungen in der tschechischen Bevölkerung 1998

	Faktoren und Faktorladungen			
Variablen	F1 *Individualismus/ Konventionalismus*	F2 *Pflicht-werte*	F3 *Hedonismus/ Materialismus*	F4 *Engage-ment*
Selbstverwirklichung	,69078		,32075	
Fleiß & Ehrgeiz	,68154			
Phantasie & Kreativität	,67446			
Sicherheit	,62286			
Ausländer gleichbehandeln	,51869	,31723		
Familie	,47727	,46850		
Fairneß		,79917		
Gesetz & Ordnung		,74770		
Pflichtbewußtsein	,41362	,59413		
Lebensgenuß			,72471	
Hohes Einkommen			,68169	
Freizeit			,67927	
Durchsetzungsvermögen		-,42325	,57921	
Politisches Engagement				,84078
Toleranz	,41437			,47599

(Dargestellt sind die Faktorladungen ≥ .30 einer Hauptkomponentenanalyse mit Varimax-Rotation; die durch vier Faktoren erklärte Varianz beträgt 56,1%)

Mit Ausnahme Tschechiens weisen alle Länder als ersten extrahierten Faktor eine Bündelung von *individualistischen, hedonistischen und materialistischen Wertorientierungen* mit leicht unterschiedlicher Akzentuierung auf; Selbstverwirklichung, Einkommen, Lebensgenuß u.ä. stehen in enger Verbindung und bilden einen Wertkomplex. Lediglich die Tschechen trennen Individualismus einerseits und Hedonismus/Materialismus andererseits; bereits bei der Untersuchung der Wertprioritäten zeigt sich, daß in Tschechien Einkommensorientierung sowie Lebensgenuß deutlich geringer bewertet werden als in den übrigen Ländern. Dementsprechend werden hedonistische und materialistische Orientierungen als dritter Faktor gebündelt, während Individualismus mit konventionalistischen Werten wie 'fleissig und ehrgeizig sein' sowie dem Streben nach Sicherheit (das ebenfalls erheblich geringer ausgeprägt ist als in Ungarn oder Rußland) assoziiert den ersten Faktor bilden.

Tabelle 9-5: Ergebnisse der Faktorenanalyse von Wertorientierungen in der ungarischen Bevölkerung 1998

	Faktoren und Faktorladungen			
Variablen	F1 *Hedonismus/ Materialismus/ Individualismus*	F2 *Pflicht-werte*	F3 *Konven-tiona-lismus*	F4 *Engage-ment*
Lebensgenuß	,77655	,30463		
Einkommen	,74073			
Durchsetzungsvermögen	,61679	-,32341		
Freizeit	,61557			
Selbstverwirklichung	,48869		,45475	,33009
Gesetz & Ordnung		,80870		
Fairneß		,75984		
Pflichtbewußtsein		,73297		
Familie			,74757	
Fleiß & Ehrgeiz		,31977	,65728	
Sicherheit			,64766	
Phantasie & Kreativität	,38960		,62578	,30815
Toleranz				,76081
Ausländer gleichbehandeln				,73714
Politisches Engagement				,63086

(Dargestellt sind die Faktorladungen ≥ .30 einer Hauptkomponentenanalyse mit Varimax-Rotation; die durch vier Faktoren erklärte Varianz beträgt 58,3%)

Der zweite Faktor bündelt in allen Ländern die klassischen *Pflichtwerte*, also den Respekt vor Gesetz und Ordnung, das Pflichtbewußtsein sowie die Fairneß im Umgang mit anderen.

Weitere konventionalistische Wertorientierungen, wie z.B. das harmonische Familienleben oder Fleiß und Ehrgeiz, werden in Ungarn und Rußland zu einem weiteren *Konventionalismus*-Faktor gebündelt, fließen in Tschechien jedoch mit individualistischen Werten zusammen und bilden dort den bereits erwähnten ersten Faktor, während sie in Polen völlig anders assoziiert werden: die Familienvariable lädt in Polen vor allem auf den Faktor des sozialen Engagements, aber nur leicht vermindert auch auf den individualistisch-hedonistischen sowie auf den Pflichtwert-Faktor. In diesem Zusammenhang ist zu erwähnen, daß die Polen das harmonische Familienleben wie bereits im Vorjahr zwar auch an die Spitze der Wertprioritäten stellen, aber weniger hoch bewerten als die Menschen in den übrigen Reformstaaten; zudem ist die Familienorientierung im Vergleich zum Vorjahr leicht rückläufig.

Tabelle 9-6: Ergebnisse der Faktorenanalyse von Wertorientierungen in der russischen Bevölkerung 1998

	Faktoren und Faktorladungen			
Variablen	F1 *Materialismus/ Individualismus/ Hedonismus*	F2 *Pflicht-werte*	F3 *Konven-tiona-lismus*	F4 *Engage-ment*
Einkommen	,79503			
Durchsetzungsvermögen	,77118			
Lebensgenuß	,74137			
Selbstverwirklichung	,65356		,36625	
Freizeit	,44658		,42525	
Gesetz & Ordnung		,76984		
Fairneß		,70864		
Pflichtbewußtsein		,68686		
Sicherheit		,58391		
Fleiß & Ehrgeiz			,78284	
Phantasie & Kreativität			,73144	,33867
Familie		,40986	,53336	
Politisches Engagement				,70615
Ausländer gleichbehandeln				,65778
Toleranz				,65200

(Dargestellt sind die Faktorladungen ≥ .30 einer Hauptkomponentenanalyse mit Varimax-Rotation; die durch vier Faktoren erklärte Varianz beträgt 57,2%)

Die Werte des *sozialen* (Toleranz, Gleichbehandlung von Ausländern) und *politischen Engagements* bilden in der Regel den vierten Faktor. In Polen stehen das politische Engagement und das Durchsetzungsvermögen an letzter Stelle der Werterangskala und bilden denn auch einen gemeinsamen vierten Faktor. Hinsichtlich des politischen Engagements könnte sich in Polen eine Neuorientierung ankündigen, denn noch im vorigen Jahr wurde dieser Wert stärker mit Pflichtwerten assoziiert; die politisch unruhigen letzten Jahre mit häufigen Regierungswechseln, dem Machtkampf zwischen Walesa und den Postkommunisten ließen das Interesse an der Politik zurückgehen - die weitere Entwicklung bleibt abzuwarten. In Tschechien wird die Gleichbehandlung von Ausländern mehr als konventionalistischer bzw. Pflichtwert wahrgenommen und entsprechend zugeordnet.

Tabelle 9-7: Wertstrukturen im Ländervergleich

Polen	Tschechien	Ungarn	Rußland
Individualismus Hedonismus Materialismus	Individualismus Konventionalismus	Individualismus Hedonismus Materialismus	Individualismus Hedonismus Materialismus
Pflichtwerte	Pflichtwerte	Pflichtwerte	Pflichtwerte
Polit. Engagement	Hedonismus Materialismus	Konventionalismus	Konventionalismus
Engagement	Engagement	Engagement	Engagement

Im wesentlichen weisen die Wertstrukturen in den Reformstaaten einen hohen Grad an Übereinstimmung auf, sieht man von der nachrangigen Bedeutung hedonistischer Werte in Tschechien und der Sonderstellung des politischen Engagements in Polen ab. In den meisten Fällen werden materialistische, individualistische und hedonistische Wertorientierungen unter einen Wertkomplex subsumiert, der im wesentlichen die neuen Werte bündelt. Klar davon getrennt treten die Pflichtwerte in einem weiteren Komplex hervor. Durchgängig in allen Ländern ist auch ein Wertekomplex erkennbar, der vor allem die Werte des sozialen Engagements umfaßt. Konventionalistische Werte bilden in Ungarn und Rußland einen weiteren Komplex, während der Konventionalismus in Tschechien stärker mit individualistischen Bestrebungen assoziiert wird. Auch in Polen ist die letztgenannte Verknüpfung ansatzweise erkennbar, aber ohne die deutliche Trennung von hedonistischen Wertorientierungen; zudem streut die Familienorientierung besonders stark über drei Faktoren. Die jüngste Entwicklung in Polen könnte man mit der gebotenen Vorsicht als eine Neuverortung konventionalistischer Wertestrukturen deuten.

Insgesamt aber zeigen auch die Ergebnisse für 1998 weiterhin eine klare Dominanz traditioneller konventionalistischer Werte. Die neuen individualistischen und hedonistischen Tendenzen bleiben in Bewegung und gewinnen an Bedeutung, besonders in der jüngeren Generation, nehmen aber nach wie vor lediglich eine mittlere Stellung ein, während die Werte des sozialen und politischen Engagements vergleichsweise unwichtig sind. Diese Erkenntnis ist im Zusammenhang mit den tiefgreifenden wirtschaftlichen und gesellschaftlichen Umwälzungen durchaus plausibel und spiegelt die Reaktion der Menschen auf die äußeren Umstände wider. Sicherheit, Vertrautheit, private Harmonie dienen als Ausgleich zu den unumgänglichen, oft genug turbulenten und unüberschaubaren Veränderungen in der Umgebung. Die Aufwertung individualistischer und hedonistischer Tendenzen belegt die allmähliche Umorientierung auf der psychologischen Ebene, die entscheidend von den durch die Transformation begünstigten bzw. von flexibleren Bevölkerungsgruppen getragen wird.

10 Zusammenfassung

10.1 Wirtschaftslage

Seit 1992 befindet sich die *polnische* Wirtschaft auf einem kontinuierlichen Wachstumskurs, der insbesondere von der stetig wachsenden Industrieproduktion getragen wird. Die positive Investitionsentwicklung läßt vor allem aufgrund des starken Zustroms ausländischer Direktinvestitionen ein anhaltendes Wachstum erwarten. Ein zentraler Problembereich in Polen ist die Landwirtschaft: ein Viertel der Beschäftigten arbeitet im Agrarsektor, der aber nur 5% des BIP erwirtschaftet; vor allem hinsichtlich des EU-Beitritts sind hier noch erhebliche Umstrukturierungen zu erwarten. Sinkende Exporte und die hohe Nachfrage nach westlichen Konsum- und Investitionsgütern haben in der Vergangenheit zu hohen Außenhandelsdefiziten geführt. Weitere Problembereiche der polnischen Volkswirtschaft bestehen in der hohen Arbeitslosigkeit und Inflationsrate.

Die *tschechische* Wirtschaft ist nach anhaltendem Wachstum in eine Stagnationsphase getreten; die Anteile von Industrie und Landwirtschaft am BIP sind rückläufig, während der Dienstleistungssektor an Bedeutung gewonnen hat. Trotz eines deutlichen Rückgangs verzeichnet Tschechien immer noch mehr Auslandsinvestitionen als Polen oder Rußland. Die Arbeitslosigkeit konnte bislang auf niedrigem Niveau gehalten werden. Die deutlichen Realeinkommenssteigerungen liegen allerdings weit über den Produktivitätszuwächsen. Der Reformprozeß ist ins Stocken geraten; es bleibt abzuwarten, inwieweit die neue Minderheitsregierung Zeman die notwendigen Reformmaßnahmen angehen wird.

Nach der Krise von 1995 hat sich die Wirtschaft in *Ungarn* relativ schnell erholt; Haushalts- und Leistungsbilanzdefizit konnten deutlich reduziert werden. Allerdings kann die Bevölkerung aufgrund niedriger Löhne und hoher Arbeitslosigkeit bislang noch nicht ausreichend am wirtschaftlichen Aufschwung teilhaben. Das Lohnniveau begünstigt aber den weiterhin starken Zustrom ausländischer Direktinvestitionen. Für den Nettoagrarexporteur Ungarn spielt die Landwirtschaft eher eine stabilisierende Rolle. Für die Zukunft ist mit einer sinkenden Arbeitslosigkeit und realen Einkommenssteigerungen zu rechnen.

Die Talfahrt der *russischen* Wirtschaft konnte 1997 erstmals seit 1990 gestoppt werden. Die Ursachen für die wirtschaftliche Misere sind in der immer noch mangelhaften Implementation der für den Fortgang des Transformationsprozesses unverzichtbaren Rahmenbedingungen (Steuerreform, Rechts- und Eigentumsordnung, Bodenreform), ohne die die notwendigen wachstums- und beschäftigungswirksamen Investitionen ausbleiben, zu suchen. Die Arbeitslosigkeit ist drastisch gestiegen, obwohl die Löhne fast um ein Drittel gefallen sind - vielerorts können sie nicht einmal mehr ausbezahlt werden. Die mangelnde Durchsetzung der Reformen behindert den Wettbewerb in der Wirtschaft und der Landwirtschaft. Lediglich bei der Bekämpfung der Inflation, die inzwischen unterhalb der Polens und Ungarns liegt, sind Erfolge erkennbar. Die Entwicklungen um den jüngsten IWF-Kredit, die Finanzkrise und die Regierungsumbildungen 1998 lassen das Ausmaß der wirtschaftlichen Misere Rußlands erahnen.

10.2 Wirtschaftsklima

Unverändert schlecht wird die *allgemeine Wirtschaftslage* in Rußland und Tschechien bewertet; jeder zweite Russe und zwei Drittel der Tschechen bewerten die Lage schlechter als im Vorjahr. Auch für die Zukunft erwartet die Bevölkerung in beiden Ländern eher eine weitere Verschlechterung. Obwohl auch in Ungarn weiterhin die Mehrheit der Bevölkerung über eine Verschlechterung klagt, ist dieser Anteil im Vergleich zum Vorjahr deutlich zurückgegangen; dagegen ist der Anteil der Pessimisten in Polen leicht gestiegen. Für die Zukunft aber rechnet in diesen Ländern je ein Drittel mit Verbesserung, Verschlechterung oder gleichbleibender Wirtschaftslage. Im Zeitvergleich hat sich in Ungarn das Wirtschaftsklima deutlich verbessert.

Die *finanzielle Haushaltslage* hat sich in Polen und Rußland nicht verbessert: wie bereits 1997 übersteigen in jedem zweiten Haushalt die Lebenshaltungskosten die verfügbaren Einkommen. In Ungarn zeitigt die günstige Wirtschaftsentwicklung positive Impulse für die privaten Haushalte, denen es langsam besser geht. Nach wie vor ist die finanzielle Ausstattung der tschechischen Haushalte am besten; jeder zweite kommt mit seinen Mitteln aus und ein Drittel der Bevölkerung kann sogar Rücklagen bilden.

Hohe *Preissteigerungsraten* befürchten vor allem die Polen und die Tschechen. Die Mehrheit der Bevölkerung in den Reformstaaten rechnet jedoch weiterhin mit einer gleichbleibenden Inflationsrate für das kommende Jahr. Trotz der Inflationserwartungen hoffen die Menschen mehrheitlich auf eine stabile Finanzlage ihrer Haushalte. In Ungarn ist auch hier ein auffallender Stimmungswechsel zum Positiven hin erkennbar, während sich in den übrigen Ländern nur wenig verändert hat.

In Tschechien und Rußland rechnen etwa 80% der Bevölkerung mit einem Anstieg der *Arbeitslosigkeit;* in Tschechien hat die Sorge um Arbeitsplätze deutlich zugenommen. Auch in Polen befürchtet jeder zweite (1997 lediglich jeder dritte) eine Steigerung der Arbeitslosenquote. Nur in Ungarn ist die Angst vor steigenden Arbeitslosenzahlen erheblich zurückgegangen, von 53 auf 34%. Allerdings rechnet nur in Rußland die Mehrheit der Bevölkerung damit, selbst im Laufe der nächsten zwei Jahre den Arbeitsplatz zu verlieren. In den Visegrädländern sind dagegen die konkreten Ängste vor Arbeitslosigkeit vergleichsweise geringer.

Die finanziellen Engpässe werden vielfach durch Nebenerwerbstätigkeiten und Schattenwirtschaft ausgeglichen, so daß die Tschechen, aber auch die Russen nach eigenen Angaben mehrheitlich gut leben können. Dies ist nach Meinung der Polen bei ihnen weniger der Fall, am wenigsten sehen die Ungarn diese Möglichkeit.

10.3 Reformklima

In allen Ländern ist die *Unzufriedenheit mit dem Reformprozeß* groß. Am stärksten zeigt sich diese in Rußland, wo sich neun von zehn Personen mit dem Reformverlauf unzufrieden zeigen. Am geringsten ist die Zahl der Unzufriedenen in Polen, wo deren Anteil aber dennoch knapp zwei Drittel der Bevölkerung ausmacht. Auch in Ungarn ist die Unzufriedenheit noch immer hoch, aber rückläufig: im Vergleich zum Vorjahr stieg zudem der Anteil der Zufriedenen von 16% auf 29%. Den umgekehrten Trend finden wir in Tschechien, wo die Unzufriedenheit der Bevölkerung mit dem Reformprozeß noch anstieg.

Die Bevölkerung in den Reformländern kritisiert vor allem die lange *Dauer des Reformprozesses;* seitdem die anfängliche Euphorie der Ernüchterung gewichen ist, wollen die Menschen endlich eine Verbesserung ihrer Lebensbedingungen sehen. Andererseits zieht eine Mehrheit den langsamen Wandel einem schnellen Umbruch deutlich vor; lediglich in Polen stößt die Schocktherapie auf Akzeptanz. Die Phase, in der die Reformpolitiker auf eine gewisse *Opferbereitschaft* der Bevölkerung, d.h. auf ein Verständnis für zusätzliche Einschränkungen, setzen konnten, scheint vorbei: in allen Reformstaaten geht die Bereitschaft, zusätzliche Opfer für eine Beschleunigung, d.h. Verkürzung, des entbehrungsreichen Transformationsprozesses zu bringen, zurück. Am größten ist die Opferbereitschaft in Rußland, wo jeder zweite Einschränkungen akzeptieren würde, wenn dadurch der Reformprozeß beschleunigt werden könnte, während in Ungarn nur noch ein Drittel zu solchen Opfern bereit wäre.

10.4 Marktwirtschaft

Die Enttäuschung über die Verschlechterung der finanziellen Lage weiter Teile der Bevölkerung färbt auf die Einstellungen zum marktwirtschaftlichen System ab, das in der Anfangsphase des Transformationsprozesses noch freudig begrüßt wurde. Immer mehr Menschen, vor allem in Ungarn und Rußland, fühlen sich durch die Marktwirtschaft *verunsichert* und kritisieren die sich weiter öffnende *Einkommensschere* zwischen Armen und Reichen.

Während die Kritik in Ungarn aufgrund der jüngsten positiven Wirtschaftsentwicklung geringer ausfällt, hat sie in den übrigen Staaten sogar noch zugenommen. *Privateigentum* gilt bei vielen immer noch als Quelle des Neids. Zudem denken drei Viertel der Russen sowie die Mehrheit der Tschechen und Ungarn, vom 'Segen der Marktwirtschaft' profitiere nur die alte *Nomenklatura.* So verwundert es nicht, daß sich gut 80% der Russen und zwei Drittel der Ungarn *nach den alten Zeiten zurücksehnen,* in denen die 'Leute besser dran waren, weil jeder wußte, was er zu tun hatte'. Diese nostalgische Verklärung der unseligen Vergangenheit ist in allen Reformstaaten leicht angestiegen.

Insgesamt hat im Vergleich zum Vorjahr in allen Ländern der Anteil der Kritiker des marktwirtschaftlichen Systems leicht zugenommen, weniger in Ungarn, mehr in Polen und Tschechien; mittlerweile bewegt er sich zwischen 55% in Polen und 65% in Rußland. Dagegen ist der Anteil der Befürworter, etwa ein Viertel der Bevölkerung in den untersuchten Ländern, rückläufig; die meisten Befürworter finden sich in Polen und Tschechien.

Unter den *Befürwortern* der Marktwirtschaft finden sich deutlich häufiger jüngere Personen, solche mit akademischer Bildung und hohem Einkommen aus städtischem Umfeld. Als 'Gewinner' des Transformationsprozesses finden sie sich mit der neuen Situation gut zurecht und beurteilen Wirtschaftslage, Reformverlauf und Zukunftsaussichten durchweg positiv. Sie begrüßen die Einkommensdifferenzierung und bauen auf Eigeninitiative. Ihre positive finanzielle Lage erklärt auch die ungebrochen hohe Opferbereitschaft unter den Befürwortern.

Dagegen beklagen die *Kritiker* der Marktwirtschaft die sich öffnende Einkommensschere, sind verunsichert und äußern Angst vor der Zukunft. Sie sehnen sich nach den alten, klaren Verhältnissen zurück und sind unzufrieden mit der Wirtschaftslage wie mit der Reformpolitik. Unter den Kritikern sind ältere Menschen, Personen mit niedriger Schulbildung, geringem Einkommen oder solche aus ländlichen Gebieten überproportional vertreten.

10.5 Politisches Klima

Während in allen Reformstaaten die formellen Rahmenbedingungen für ein demokratisches System seit nunmehr fast zehn Jahren zumindest in den Grundstrukturen existieren, herrschen auf der Einstellungsebene der Bevölkerung noch Skepsis und Mißtrauen im Umgang mit der Demokratie vor. Neben der tiefgreifenden Verunsicherung aufgrund der wirtschaftlichen Veränderungen erzeugen häufige Regierungswechsel, die im Gegensatz zur alten sozialistischen Konstanz die Anpassungs- und Umstellungskapazität der Bevölkerung oft überfordern, aber auch offen zutagetretende

Kriminalität und Korruption Ablehnung oder zumindest Skepsis gegenüber der Demokratie.

Die Bevölkerungsmehrheit sehnt sich nach Sicherheit und Stabilität, sie bewertet in allen Ländern eine *starke Führung* höher als demokratische Verhältnisse; so denken in Rußland vier von fünf Personen und in Polen immerhin noch jeder zweite. Ebenso glaubt die Mehrheit der Bevölkerung in diesen beiden Ländern, nur ein *starker Mann* könne die Wirtschaftsprobleme lösen, während die Bevölkerung in Tschechien und Ungarn in dieser Frage eher gespalten ist. In der gegenwärtig unsicheren Lage wundert es denn auch nicht, wenn *Ruhe und Ordnung* wichtiger erscheinen als Freiheit. Während sich in Polen Befürworter und Gegner dieser Behauptung die Waage halten, stimmen Tschechen und Ungarn dieser Ansicht mehr zu; in Rußland vertreten drei Viertel der Bevölkerung diese Auffassung. Im Zeitvergleich ist die Zustimmung leicht gestiegen. In Rußland sind zudem fast drei Viertel der Bevölkerung davon überzeugt, die *Demokratie führe unweigerlich zu Chaos und Anarchie* - eine Ansicht, die in Ungarn nur eine Minderheit teilt. In Polen und Tschechien ist diese Meinung umstritten und erfährt etwa gleich viel Zustimmung wie Ablehnung.

In dieser Skepsis spiegeln sich zahlreiche Probleme der jungen Demokratien wider: vielerorts sind die Parteien gesellschaftlich noch nicht verankert und insofern noch nicht zu einer für ihre jeweilige Klientel repräsentativen Interessenvertretung in der Lage. Sowohl staatlichen als auch nichtstaatlichen Institutionen wird von der Bevölkerung eher Mißtrauen entgegengebracht; es mangelt an zivilgesellschaftlichen Bindegliedern zwischen Bürgern und Staat. Eine für die dauerhafte Stabilität demokratischer Institutionen unverzichtbare demokratische Staatsloyalität konnte sich unter diesen Voraussetzungen noch nicht in wünschenswertem Maße entwickeln. Dementsprechend äußern sich die Menschen seit Beginn der 90er Jahre ganz allgemein unzufrieden mit der Entwicklung der Demokratie. Am höchsten ist diese Unzufriedenheit in Ungarn und Rußland.

Zahlreiche Machtwechsel infolge von Parlamentswahlen in den Visegrádländern verdeutlichen die Unzufriedenheit der Menschen mit den jeweiligen Regierungen, zeigen aber auch, daß Wahlen als demokratisches Institut der jeweiligen Regierungslegitimation wahrgenommen werden. Die geringe Verankerung der Parteien in der Bevölkerung bringt natürlich einen hohen Anteil an Wechselwählern mit sich, weit mehr als in den westeuropäischen Ländern. Zudem wird dem politischen Engagement seitens der Bevölkerung noch ein äußerst geringes Interesse entgegengebracht.

10.6 Osterweiterung von EU und NATO

Eine deutliche Mehrheit der Bevölkerung in den Visegrádstaaten plädiert für die *Mitgliedschaft in der NATO*. Der Akzeptanzgrad ist jedoch unterschiedlich hoch: so stimmen 70% der Polen, zwei Drittel der Ungarn, aber lediglich 51% der Tschechen für den Beitritt, von denen sich immerhin 29% gegen den NATO-Beitritt aussprechen.

Einmütigkeit herrscht auch in der Frage nach einer *Mitgliedschaft in der Europäischen Union:* 70% der Ungarn, 61% der Polen und 55% der Tschechen wollen der EU beitreten. Das deutliche Votum der Ungarn läßt sich mit den Erwartungen in der Bevölkerung erklären: 57% erhoffen sich durch eine EU-Mitgliedschaft einen Anstieg des wirtschaftlichen Wohlstands, weit mehr als die Polen (43%) oder die Tschechen (25%) erwarten. Gleich viele Ungarn rechnen mit besseren Absatzchancen für die heimische Industrie sowie einer Verbesserung ihrer eigenen finanziellen Lage. Dagegen sind die Erwartungen in Polen und Tschechien eher zurückhaltend, wo nur ca. ein Drittel der Bevölkerung bessere Absatzmärkte für die Industrie und die Mehrheit gleichbleibende finanzielle Verhältnisse erwartet. In Polen und Tschechien befürchtet die Mehrheit der Bevölkerung eine Verschlechterung der Absatzchancen ihrer landwirtschaftlicher Produkte, während die Ungarn keine Veränderung erwarten. In allen vier Ländern befürchtet die Mehrheit der Bevölkerung als Folge des EU-Beitritts steigende Arbeitslosenzahlen, am meisten die Tschechen.

Die Zurückhaltung Tschechiens in der Bewertung der Beitrittsfolgen resultiert aus der Sorge um die *nationale Eigenständigkeit;* ein Drittel der Tschechen befürchtet negative Konsequenzen, während die Polen und Ungarn überwiegend keine Veränderung oder sogar eine Verbesserung ihrer nationalen Selbständigkeit erwarten. Zudem erhofft sich die Bevölkerung dieser Länder mehrheitlich eine Zunahme der *politischen Stabilität,* wovon in Tschechien kaum jemand ausgeht. Alles in allem erwarten die Ungarn mit deutlicher Mehrheit eine Verbesserung der *Wirtschaftschancen;* in Polen glaubt dies nur eine dünne Mehrheit, während die tschechische Bevölkerung eher mit einer Verschlechterung infolge der EU-Mitgliedschaft rechnet.

Die Mehrheit der *russischen Bevölkerung* hat noch keine eindeutige Meinung zu einer NATO- und EU-Mitgliedschaft ihrer ehemaligen sozialistischen Bruderländer Polen, Tschechien und Ungarn. Rund zwei Drittel der russischen Bevölkerung hat weder eine eindeutige Meinung zum NATO- noch zum EU-Beitritt der Visegrádländer. Jedoch stößt die Osterweiterung der EU auf mehr Akzeptanz als die der NATO: ein Viertel der Russen unterstützt die Beitrittsverhandlungen der Visegrádstaaten zur EU, während sich 28% gegen die NATO-Osterweiterung aussprechen. Bei den russischen Gegnern der EU-Osterweiterung ist die 'Bedrohung des außenpolitischen Status Rußlands' das meistgenannte Argument. Überfragt sind viele Russen auch hinsichtlich der angemessenen Reaktion Rußlands auf die EU-Erweiterung: Die meisten denken, Rußland solle seinen eigenen Weg gehen, aber einige sprechen sich auch für einen russischen EU-Beitritt oder eine intensive Kooperation mit der EU aus.

10.7 Wertorientierungen

Obwohl individualistische und hedonistische Werte wie Selbstverwirklichung, Freizeitorientierung oder allgemeiner Lebensgenuß - zu Zeiten des Sozialismus offiziell als westlich dekadente Werte verdammt und somit noch eher ungewohnt - immer mehr an Bedeutung gewinnen, sind Traditionalismus und Konventionalismus nach wie vor in allen Ländern die am meisten verbreiteten Wert- und Verhaltensorientierungen. Private Harmonie in der Familie, Sicherheit, Respekt vor Gesetz und Ordnung sowie Fairneß im Umgang mit anderen stehen in der Wertehierarchie ganz vorne, gerade in diesen Zeiten der Unsicherheit und Verwirrung. Allerdings wird Fleiß und Ehrgeiz heutzutage bereits geringer bewertet als noch vor wenigen Jahren, während die 'neuen' Werte des Individualismus und Hedonismus mittlerweile zunehmend an Bedeutung gewinnen, vor allem unter jüngeren, gut ausgebildeten bzw. einkommensstarken Bevölkerungsgruppen, also den typischen Reformgewinner, die sich einen hedonistisch-individualistischen Lebensstil ökonomisch auch am ehesten leisten können. Am Ende der Werteskala stehen politisches und soziales Engagement; für postmaterialistische Werte scheinen in diesen schwierigen Zeiten keine Energien übrig zu bleiben, da diese ganz auf den Kampf um die materielle Lebensbasis konzentriert werden müssen. Die Veränderungen im Zeitvergleich deuten langfristig auf einen Bedeutungszuwachs der 'neuen' Werte und damit auf eine Angleichung an westeuropäische Wertstrukturen hin.

11 Methodik

Einstellungen, Stimmungen und Bewertungen der Bevölkerung in den vier untersuchten Reformstaaten Polen, Tschechien, Ungarn und Rußland, auf deren Ergebnissen das Transformationsbarometer Osteuropa (TBO) 1998 aufbaut, wurden mit Hilfe von Bevölkerungsumfragen in den jeweiligen Ländern ermittelt. Alle Befragungen zum TBO 1998 wurden im Mai des Jahres 1998 mit Hilfe eines standardisierten Fragebogens durchgeführt, der auf Grundlage der Ergebnisse aus den früheren Studien der Forschungsstelle in den jeweiligen Ländern (von 1993 bis 1996) sowie aus den Erfahrungen mit dem TBO 1997 entwickelt und überarbeitet wurde.

Tabelle 11-1: Erhebungszeitraum und Stichprobenumfang TBO 1998

	Polen	**Tschechien**	**Ungarn**	**Rußland**
Erhebungszeitraum:	9.-11. 5.	7.-15. 5.	10.-22. 5.	17.-31. 5.
Stichprobengröße:	1.000	964	1.000	2.407

Mit der Durchführung der Interviews wurden renommierte Sozialforschungsinstitute vor Ort beauftragt, deren Mitarbeiter die Befragungen mit Hilfe eines standardisierten Fragebogens in *face-to-face*-Interviews vornahmen. In allen Fällen wurden zum Zwecke der Repräsentativität der Ergebnisse die Befragten mit Hilfe von mehrstufigen Auswahlverfahren bzw. mit dem Random-Route-Sampleverfahren ermittelt; Auswahl- und Erhebungsverfahren sowie Interviewerkontrolle etc. entsprechen den gängigen methodischen Standards.

12 Literatur

Beyme, Klaus von: Systemwechsel in Osteuropa. Frankfurt/M., 1994

Beyme, Klaus von: Die Grenzen der Steuerungstheorie. Transformationsprozesse in Osteuropa, in: Rudolph, H.: Geplanter Wandel, ungeplante Wirkungen. Berlin 1995, S. 62-78

Bingen, Dieter: Kwasniewskis Polen: Vorwärts und vergessen, in: Bundesinstitut für ostwissenschaftliche und internationale Studien (Hg.): Der Osten Europas im Prozeß der Differenzierung. Fortschritte und Mißerfolge der Transformation. München Wien 1997, S. 128-141

Bundesministerium für Wirtschaft: Die Beratung Mittel- und Osteuropas beim Aufbau von Demokratie und sozialer Marktwirtschaft. Konzept und Beratungsprogramme der Bundesregierung, Fortschreibung 1997

Deutsches Institut für Wirtschaftsforschung: DIW-Wochenbericht, folgende Ausgaben: Nr. 51-52, 1995, S.883; Nr.19, 1997, S. 343, S. 344, S. 354; Nr. 51-52, 1997, S.965-1009; Nr. 18, 1998, S. 293-310

Easton, David: A Systems Analysis of Political Life. New York 1965

Forschungsstelle für empirische Sozialökonomik: Haushalt und Familie in den neuen Bundesländern. Ergebnisse einer Längsschnittuntersuchung (1990-1993). Reihe Stiftung Der Private Haushalt, Bd. 21. Frankfurt/New York 1994

Glatz, Ferenc: Ungarn, in: Demokratie und Marktwirtschaft in Osteuropa, hrsg. von Werner Weidenfeld. Gütersloh 1993, S. 199-212

Haarland, Hans Peter; Niessen, Hans-Joachim: Der Systemtransformationsprozeß in Polen. Ergebnisse einer empirischen Untersuchung des Übergangs zur Sozialen Marktwirtschaft. Arbeitspapiere zur Internationalen Politik, Bd. 85. Bonn 1994

Haarland, Hans Peter; Niessen, Hans-Joachim: Der Transformationsprozeß in der Tschechischen und Slowakischen Republik. Schriftenreihe zur Ordnungspolitik, Bd. 1. Bonn 1995

Haarland, Hans Peter; Niessen, Hans-Joachim: Der Transformationsprozeß in Ungarn. Schriftenreihe zur Ordnungspolitik, Bd. 2. Bonn 1996

Haarland, Hans Peter; Niessen, Hans-Joachim (unter Mitarbeit von Wolfgang Franzen und Wolfgang Uellner): Der Transformationsprozeß in Rußland. Schriftenreihe zur Ordnungspolitik, Bd. 4. Bonn 1997

Haarland, Hans Peter; Niessen, Hans-Joachim (unter Mitarbeit von Wolfgang Franzen und Wolfgang Uellner): Transformationsbarometer Osteuropa 1997. Schriftenreihe der Forschungsstelle, Bd. 1. Frankfurt/New York 1998

Handelsblatt: folgende Ausgaben: 10.03.1998, 27./ 28.02.1998, 04.05.1998, 12.06.1998, 02.02.1998, 16.04.1998, 10.04.1996, 04.12.1996

Herbert, Willi: Die Wertorientierungen der Deutschen vor der Vereinigung. BISS-Public 2/1991, S. 119-132

Hishow, Ognian: Budgetkrise und innere Verschuldung des russischen Staates - eine wachstumshemmende Spirale, in: Osteuropa-Wirtschaft, Heft 2, 1998, S. 162-173

Ignatow, Assen: Die mühsame Entdeckung des Individuums. Wertewandel und Wertekonflikte in Rußland. Berichte des Bundesinstituts für ostwissenschaftliche und internationale Studien, S. 22-1997

Institut der deutschen Wirtschaft: iwd - Informationsdienst des Instituts der deutschen Wirtschaft, Nr. 9, Jg. 24 vom 26.2.1998, S. 4f.

Józsa, Gyula: Ungarn: „Das Land in Ordnung bringen" - Realitätsbeschreibung oder Selbsttäuschung?, in: Bundesinstitut für ostwissenschaftliche und internationale Studien (Hg.): Der Osten Europas im Prozeß der Differenzierung. Fortschritte und Mißerfolge der Transformation. München Wien 1997, S. 163-174

Juchler, Jakob: Probleme der Demokratisierung in den osteuropäischen Transformationsländern, in: Osteuropa, Heft 9, 1997, S. 898-914

Kääriäinen, Kimmo: Moral Crisis or Immoral Society? Russian Values after the Collapse of Communism. Berichte des Bundesinstituts für ostwissenschaftliche und internationale Studien, 26-1997

Kukolev, Igor; Stykow, Petra: Elitenforschung (1991-1996), in: Oswald, Ingrid; Possekel, Ralf; Stykow, Petra u. Wielgohs, Jan (Hg.): Sozialwissenschaften in Rußland. Band 1. Deutsch-russisches Monitoring. Berlin 1996, S. 83-113

Lukas, Zdenek: Die Landwirtschaft der Oststaaten 1997, in: Osteuropa-Wirtschaft, 43. Jg., Heft 2, 1998, S. 105-123

Mazonaschwili, Tatjana: Unsere Paradoxe: Die Rezeption allgemeinmenschlicher Werte in Rußland. Berichte des Bundesinstituts für ostwissenschaftliche und internationale Studien, 48-1994

Mommsen, Margareta: Wohin treibt Rußland? Eine Großmacht zwischen Anarchie und Demokratie. München 1996

Neue Züricher Zeitung: folgende Ausgaben: 30.05.1997, 07.07.1997.

Offe, Claus: Der Tunnel am Ende des Lichts. Erkundungen der politischen Transformation im Neuen Osten. Frankfurt/M., New York 1994

Oschlies, Wolf: Slowakei: Konsum geht vor Europa, in: Bundesinstitut für ostwissenschaftliche und internationale Studien (Hg.): Der Osten Europas im Prozeß der Differenzierung. Fortschritte und Mißerfolge der Transformation. München Wien 1997, S. 154-163

Oschlies, Wolf: Tschechische Republik: Erster unter Ungleichen, in: Bundesinstitut für ostwissenschaftliche und internationale Studien (Hg.): Der Osten Europas im Prozeß der Differenzierung. Fortschritte und Mißerfolge der Transformation. München Wien 1997, S. 141-154

Osteuropa-Institut München: Wirtschaftsentwicklung in ausgewählten mittel- und osteuropäischen Ländern, working papers nr. 200, Ausgabe 4/ 97, S. 1-30

Osteuropa-Perspektiven: Jahrbuch 93/94 und 96/97, hrsg. vom Informationsdienst der FAZ

Rüb, Matthias: Die Lage ist gut, der Mißmut bleibt, in: Frankfurter Allgemeine Zeitung, 9.5.1998

Saizew, Sergej: Über die russische Wirtschaftskultur, in: Osteuropa-Wirtschaft, 43. Jahrgang, Heft 1, 1998, S. 36-70

Schröder, Hans-Henning: Die richtungslose Transformation. Zum politischen und gesellschaftlichen Wandel in Rußland, in: Blätter für deutsche und internationale Politik, 40.Jg, Heft 8, 1995, S. 936-945

Schröder, Hans-Henning: Russische Wirtschafts- und Gesellschaftseliten im Übergang, in: Bundesinstitut für ostwissenschaftliche und internationale Studien (Hg.): Der Osten Europas im Prozeß der Differenzierung. Fortschritte und Mißerfolge der Transformation. München Wien 1997, S. 266-277

Schumacher, Dieter; Trabold, Harald; Weise, Christian (Hg.): Transformation des Wirtschaftssystems in den mittel- und osteuropäischen Ländern. Außenwirtschaftliche Bedingungen und Auswirkungen. Berlin 1997

Sigmund, Peter: Zur Lohn- und Einkommensentwicklung in Rußland. Herausgegeben vom Institut für Wirtschaftsforschung Halle (IWH). Halle 1998

Süddeutsche Zeitung: Ausgabe vom 19.03.1998, Sonderbeilage Ungarn

Walter, Franz: Rußlands Reaktionen auf die beabsichtigte NATO-Osterweiterung, in: Bundesinstitut für ostwissenschaftliche und internationale Studien (Hg.): Der Osten Europas im Prozeß der Differenzierung. Fortschritte und Mißerfolge der Transformation. München Wien 1997, S. 359-368

Wiener Institut für Internationale Wirtschaftsvergleiche (WIIW): Forschungsberichte, folgende Ausgaben: Nr. 299, Juli 1996; Nr. 233, Februar 1997; Nr. 293, Juli 1997; Nr. 243, Februar 1998; Nr. 248, Juni 1998.

Wolf, Joachim: Die Wertewelt polnischer Bürger im Spannungsfeld von Maximalglaubenskonsens und materieller Versuchung, in: Aktuelle Ostinformationen, Heft 3-4, 1996, S. 15-28

Walter Satterthwait · Eine Blume in der Wüste